全国工会干部培训辅导教材

依据**中国工会十八大文件精神**组织编

U0679925

怎样当好
新时代职工代表

（全新修订版）

张 举 王 慧◎编著

人民日报出版社

图书在版编目（CIP）数据

怎样当好新时代职工代表／张举，王慧编著. --北京：人民日报出版社，2023.10
ISBN 978-7-5115-8001-6

Ⅰ.①怎… Ⅱ.①张…②王… Ⅲ.①职工代表-工作-中国 Ⅳ.①D412.6

中国国家版本馆 CIP 数据核字（2023）第 190283 号

书　　名：**怎样当好新时代职工代表**
　　　　　ZENYANG DANGHAO XINSHIDAI ZHIGONG DAIBIAO
作　　者：张 举　王 慧

出 版 人：刘华新
责任编辑：刘天一　周昕阳
封面设计：陈国风

出版发行：人民日报出版社
地　　址：北京金台西路 2 号
邮政编码：100733
发行热线：（010）65369527　65369846　65369509　65369510
邮购热线：（010）65369530　65363527
编辑热线：（010）65369844
网　　址：www.peopledailypress.com
经　　销　新华书店
印　　刷　北京彩虹伟业印刷有限公司

开　　本：170mm×240mm　　1/16
字　　数：200 千字
印　　张：13.5
版次印次：2024 年 2 月第 1 版　　2024 年 2 月第 1 次印刷

书　　号：ISBN 978-7-5115-8001-6
定　　价：59.80 元

前　言

　　党的二十大报告指出，我们要健全人民当家作主制度体系，扩大人民有序政治参与，保证人民依法实行民主选举、民主协商、民主决策、民主管理、民主监督，发挥人民群众积极性、主动性、创造性，巩固和发展生动活泼、安定团结的政治局面。报告明确要求，全心全意依靠工人阶级，健全以职工代表大会为基本形式的企事业单位民主管理制度，维护职工合法权益。职工代表是职代会的主体，是职工的代言人，是企业决策的参谋者，新时代对如何当好职工代表提出了更高要求。

　　首先，在政治上要坚定。深刻领悟"两个确立"的决定性意义，增强"四个意识"、坚定"四个自信"、做到"两个维护"，在思想上、政治上、行动上同以习近平同志为核心的党中央保持高度一致。团结动员职工群众同心共筑中国梦，组织引导职工群众投身改革发展潮流，教育引导职工群众争做法治中国推动者，团结联系职工群众坚定不移听党话、跟党走，共扬改革之风帆，共享改革之成果。

　　其次，在服务上要到位。作为职工代表，任何时候都不能忘了自己是职工利益的代表者、职工心声的代言人、职工权益的维护者。要时时刻刻将职工群众放在心上，事事处处替职工群众分忧解愁。要做到心向着群众，不计个人得失，真心实意地为职工群众服务。要"沉得下去"，切身体验职工群众的衣食冷暖，真切感受职工群众的喜怒哀乐，真实代表和表达职工群众的意愿和呼声，忠实履行职工代表的职责。

　　再次，在业务上要精通。作为职工代表，要了解工会的相关知识，加深对工会工作的感知和认知，坚定对搞好新时代工会工作的信念和信心。作为职工代表，还要具备履行职责所需的文化知识、法律法规和生产经营管理知识、所在岗位的专业知识等，职工代表只有知识面宽，对自己直接需要运用的知识精通，才能有效地参与企业管理。

最后，在能力上要增强。职工代表要具备较强的协调劳动关系的能力。构建和谐劳动关系是基层工会工作的重要任务，基层工会维权的重心也在这里。作为职工代表，要注重协调好企业职工与企业行政的关系，行使知情权、参与权、表达权和监督权，竭尽全力为职工群众服务，为他们排忧解难。

职工代表要不断提高自身学习能力、调查研究能力、反映和解决问题的能力以及联系职工群众的能力，提高职工代表参政议政的能力和水平，勇于探索，敢于突破创新，实现新的作为。

全书共计七章，力求以生动、浅显的语言对怎样当好一名合格的职工代表加以阐释，并借助案例导引，使全书兼具生动性、实用性和可操作性，是职工代表做好职代会民主管理工作的指导性用书。作者在编著此书时参阅了大量的相关文件、文章和著作，在此谨向相关作者表示深深的谢意。

目录

第一章

当好新时代职工代表

我国工人运动的时代主题，是为实现中华民族伟大复兴的中国梦而奋斗。把握这一主题，为实现党的二十大提出的目标任务奋力拼搏，是工人阶级发挥主力军作用、展现主人翁风采的重要体现。职工代表应通过参与企业民主管理，代表广大职工行使民主管理权力，体现价值，彰显作为。

第一节　职工代表的条件与产生

一、职工代表的条件

按照《企业民主管理规定》，与企业签订劳动合同建立劳动关系以及与企业存在事实劳动关系的职工，有选举和被选举为职工代表大会代表的权利。

职工代表的素质直接关系到职工代表大会的质量，关系到职工参与企业民主管理权力的行使，因此对职工代表应有一定的素质能力要求。为了能从符合条件的人中挑选出最优秀、最称职的人，企业在选举职工代表时，除坚持基本条件外，一般都规定了一些具体条件。一是职工代表要具有一定的政治觉悟和政策水平。政治觉悟就是要有坚定的政治立场，政策水平就是要自觉拥护和善于学习掌握运用党的路线、方针、政策。二是具有一定的业务知识和管理能力。业务知识包括企业管理知识、民主管理知识、法律知识等，管理能力对职工代表来说主要是参与能力。三是做好本职工作，有较强的责任感。职工代表首先是职工，因此必须要有敬业精神，认真做好自己的本职工作。四是关心集体、遵纪守法、联系群众、办事公道，在职工群众中具有较高的威信。要发挥模范带头作用，密切联系群众，为职工说话办事，赢得职工群众的拥护和信任。如果坚持运用这些标准衡量选拔，就一定能够选举出一支高素质的职工代表队伍，提高职代会的质量，提高职工参与企业管理的水平。

职工代表是职工大会的主体，他们的比例构成和产生方式对职代会宗旨的实现有重要影响。职工代表的人数，可根据企业规模的大小确定。一般占企业职工总数的5%～30%，大型企业的比例还可以再小一些。职工代表大会的代表人数一般不少于 30 人。为了保证具有广泛的代表性，职工代表中应有工人、技术人员、管理人员、领导干部和其他方面的职工。高层管理人员所占的比例不得高于代表总数的 20%。鼓励青年职工和女职工积极参与职工代表竞选。农民工和劳务派遣工比较集中的企业要有相应的代表。

二、职工代表的选举产生方法

企业职工代表的选举一般采用无记名投票差额选举和直接选举相结合的方法。

（一）差额选举

是指候选人名单多于应选人名额的不等额选举方式。选举职工代表一般应该实行差额选举，这样更有利于充分发扬民主，使选举人在选举中有所选择，把自己认为最合适的人选举上去。

（二）直接选举

是指由选举人直接选举出代表的一种选举方法。根据《企业民主管理规定》第二十四条的规定，职工代表应当以班组、工段、车间、科室等为基本选举单位由职工直接选举产生。规模较大、管理层次较多的企业的职工代表，可以由下一级职工代表大会代表选举产生。职工代表以班组或者工段为单位由职工直接选举产生。进行直接选举，把职工代表候选人的提名权和投票权落实到广大职工手中，由他们民主选举出自己信任的代表，这样既有利于密切选举人与被选举人的关系，也有利于选举人对被选举人进行监督，从而增强被选举人对选举人负责的责任感，同时也可以避免领导指定或变相指定代表的做法，使职工代表大会的民主基础不被削弱。

（三）无记名投票

即在选票上不记投票人的姓名，选举人可以按照自己的意愿，不公开地填写选票，并亲自投入票箱。这种投票方式的优点是可以排除各方面的干扰，由选举人自主地选出最满意的人担任职工代表。无记名投票方式是根据我国《选举法》的规定而必须采取的一种选举投票方式。

三、选举职工代表的一般程序

职工代表由班组或者工段职工直接选举产生，大型企业的职工代表，也可以由车间、分厂的职工代表相互推选产生。职工代表实行常任制，职工代表任期与职工代表大会届期一致，可以连选连任。

选举职工代表的一般程序如下。

（一）制定选举方案

根据企业职工人数和单位设置状况，确定代表总数及名额分配方案，划分选区，制定选举办法。选区的划分，一般应以班组或工段为单位，大型企业也可以车间（分厂、子公司、分公司）为单位。

（二）进行宣传和发动

企业工会应通过多种形式，广泛宣传职工代表大会的性质、意义、职权、任务和选好职工代表的重要性，组织职工学习《企业民主管理规定》等相关文件，明确职工代表的权利和义务，把选举职工代表的过程作为向职工进行民主管理教育的过程，使全体职工以高度负责的态度选好职工代表。

（三）酝酿职工代表候选人

在宣传发动的基础上，企业工会应组织职工以选区为单位，发扬民主，充分酝酿职工代表候选人。

（四）选举职工代表

各选区按照分配的代表名额，组织职工进行直接选举。选举采用无记名投票方式差额选举。大型企业可以在车间（分厂、子公司、分公司）职代会的职工代表中推举参加企业职代会的职工代表。企业领导人应分到选区，以普通职工的身份参加选举。总之，要充分体现选举人的意志，不允许有任何"当然代表"和"指定代表"。

（五）代表资格审查

职工代表资格审查委员会（小组）对选出的职工代表进行资格审查。

审查的内容为：是不是享有政治权利的本单位职工；是不是严格按照民主程序选举产生的，即选举时是否有本单位 2/3 以上的职工参加，是否获得本单位全体职工过半数的同意票，是否有不正当的竞选行为等。对不符合规定的，应取消其代表资格。

（六）组成代表团

职工代表选出后，应将职工代表按分厂、车间、科室（或若干科室）组成代表团（组），推选团（组）长。

四、职工代表竞选制

职工代表可以通过竞选产生。竞选采取工会小组民主推荐或个人自荐的办法进行。职工代表竞选制度的具体做法如下：首先是分工会或者工会小组要熟知基层工会分配的代表名额，其次是宣传公开职工代表的竞选条件，最后是鼓励符合条件的职工积极参加职工代表竞选。

竞选一般按照以下程序进行。

（一）以工会小组为单位，分别提出代表候选人名单。

（二）代表候选人报企业党组织审批，企业工会审定。

（三）每位参加竞选职工代表的候选人必须上台演讲，并答复现场企业职工提出的问题，接受职工面对面的评议。

（四）职工投票选举职工代表。选举时，职工实到人数必须达到应到人数的 2/3 以上，而当选职工代表的得票数必须超过到会人数的 50%。

（五）根据得票率当场公布选举结果。

（六）选举结果报企业工会备案。

五、职工代表的任期、补选和撤换

（一）职工代表的任期

根据《企业民主管理规定》，职工代表实行常任制，职工代表任期与职工代表大会届期一致，可以连选连任。

职工代表的常任制，是指代表一经选举产生，在规定的任期内（从本届职工代表大会第一次会议开始至下届职工代表大会第一次会议时为止），无论是开会期间还是闭会期间，始终享有代表的权利和负有代表的义务。职工代表实行常任制是由职工代表大会的性质决定的。职工代表大会是职工行使民主管理权力的基本形式，为了保证职代会工作经常化、制度化，必须保证职工代表的相对稳定。这样做，一方面便于职工代表的组织管理，建立起一整套比较完整的经常性的组织机构和工作制度；另一方面又使职工代表能增强自己的责任感和光荣感，能经常地发挥作用，不但在开会期间能有效地行使职权，而且在闭会期间也能够经常地开展民主管理活动，行使民主管理的权力，同时还可以及时了解情况和检查职工代表大会决议的贯彻落实情况，从而加深职工代表的职责。

职工代表的任期一般应该与企业职工代表大会的届期一致，即三年至五年，这样规定也有利于职工代表更便利、更有效地开展工作。

（二）职工代表的补选和撤换

1. 职工代表的补选

职工代表在任期内与企业解除劳动关系，代表资格自行终止，缺额由原选举单位按照规定补选，补选条件和程序与选举职工代表的条件和程序相同。任期内的职工代表在企业内部调动工作的，代表资格予以保留，原选举单位的代表缺额，通过民主程序另行增补。

2. 职工代表对选举单位的职工负责

选举单位的职工有权或者撤换本单位的职工代表。职工代表在任期内出现下列情况的，原选举单位职工有权撤换：一是被依法剥夺政治权利或被单位开除的，应立即取消其代表资格；二是无故不参加职工代表大会活动，严重失职的；三是因停薪留职、长期病事假、脱产学习等情况，不能参加职工代表大会各项活动的；四是因其他原因不能履行代表职责，失去选举单位职工信任的。

3. 职工代表的撤换

撤换职工代表的一般程序是：选举单位职工提出撤换职工代表的要求；工会调查核实；原选举单位召开会议讨论，半数以上职工同意，即可做出撤换职工代表的决定；原选举单位将撤换职工代表的决定报告企业工会，由工会宣布并备案；选举单位职工按照民主程序，选举新的职工代表，经职工代表资格审查委员会（小组）审查后，替补被撤换职工代表的缺额。

六、列席代表和特邀代表

职工代表大会根据需要，可以邀请未当选职工代表的单位领导人和有关负责人作为列席代表参加会议。大会还可以特邀一些离退休老职工和职工家属等参加，使大会具有更广泛的代表性。列席代表和特邀代表在职工代表大会上还可以发表意见和提出建议，但没有表决权和选举权，不能当选为职工代表大会主席团成员。

第二节 职工代表的权利义务和职责

一、职工代表的权利和义务

（一）职工代表的权利

根据《企业民主管理规定》要求，职工代表具有以下权利：

1. 选举权、被选举权和表决权；

2. 参加职工代表大会及其工作机构组织的民主管理活动；

3. 对企业领导人员进行评议和质询；

4. 在职工代表大会闭会期间对企业执行职工代表大会决议情况进行监督、检查。

(二) 职工代表的义务

1. 遵守法律法规、企业规章制度，提高自身素质，积极参与企业民主管理；

2. 依法履行职工代表职责，听取职工对企业生产经营管理等方面的意见和建议，以及涉及职工切身利益问题的意见和要求，并客观真实地向企业反映；

3. 参加企业职工代表大会组织的各项活动，执行职工代表大会通过的决议，完成职工代表大会交办的工作；

4. 向选举单位的职工报告参加职工代表大会活动和履行职责情况，接受职工的评议和监督；

5. 保守企业的商业秘密和与知识产权相关的保密事项。

(三) 正确认识职工代表的权利和义务

1. 职工代表的权利和义务具有严肃性

职工代表的权利和义务是国家法律规定的。它体现了职工在企业中的地位和作用。职工代表的权利和义务同职工代表大会的职权密切相关。职工代表必须在法律、法规和制度规定的范围内进行活动，任何人都不能限制职工代表依法行使权利或履行义务。对职工代表行使权利、履行义务进行阻挠、打击、报复，是违法行为。

2. 职工代表的权利和义务具有现实性

职工代表的权利和义务，是从我国企业现实情况出发，以企业民主管理的实践为依据制定的，具有现实可行性。职工代表认真行使自己的权利，履行应尽的义务，是保障职工群众的合法权益、发挥工人阶级主力军作用、促进企业发展的需要。

3. 职工代表的权利和义务是对等的

职工代表的权利和义务是辩证统一的两个方面，没有无义务的权利，也没有无权利的义务。职工代表如实地反映和代表职工群众的意愿，既是行使了权利，也是履行了义务。作为一名职工代表，不但要依照法律、法规和制度的规定，正确行使自己的权利，还必须以高度负责的精神，完成职工群众委以的重任。只强调职工代表尽义务而不允许他们行使自己的权利，或者只强调行使权利而不承担应尽的义务，都是不可取的。只有把行使权利和履行义务两者统一起来，才能更好地发挥职工代表的作用。

二、职工代表的职责

职工代表通过参加职工代表大会和其他各项民主管理活动来行使权利、履行义务、发挥作用。职工代表大会和其他各项民主管理活动，是按照一定程序进行的。职工代表必须熟悉这些程序，熟悉各种不同形式民主管理的特点，依照程序和有关规定参与民主管理活动，行使自己的权利，履行相应的义务。

（一）参加职工代表大会会议期间及前后的各项活动

1. 会前活动

在职工代表大会之前，职工代表要做好必要的准备工作。

（1）认真阅读提前发给的行政工作报告（讨论稿）和各项方案（草案）等文件，了解和掌握大会中心议题。

（2）进行调查研究，广泛听取周围职工群众对行政工作报告（讨论稿）和各项方案（草案）等文件的意见和建议。

（3）将综合整理好的意见和建议，以口头或书面形式反映给所在的职工代表团（组）。

（4）在征集群众意见基础上，提出职工代表的提案。

2. 会中活动

在职工代表大会会议期间，职工代表要认真参加各项工作。

（1）根据通知要求，做好准备，按时参加职工代表大会的预备会议和正式会议。

（2）参加预备会议，听取并审议职工代表大会主席团名单、大会秘书长名单、代表资格审查委员会关于代表资格的审查报告（换届大会）、大会议程和其他需要确认的事项。

（3）认真听取企业有关领导人在职工代表大会上所作的工作报告、议案说明。

（4）做好讨论发言的准备。

（5）积极参加对工作报告和各项议案的讨论，在讨论会上，要畅所欲言、充分发表意见。

（6）根据职工代表大会议程，经过充分考虑，认真行使表决权和选举权。参加选举划票时，如感到不方便，可以要求大会提供互相回避的条件。

3. 会后活动

职工代表大会闭会期间，职工代表要积极地宣传贯彻大会的各项决议、决定，做好有关工作。

（1）向所在单位职工汇报、宣传职工代表大会通过的决议或做出的决定。对职工群众不清楚的问题做好解释工作。

（2）收集周围职工对职工代表大会通过的各项决议、决定的意见，向所在职工代表团（组）反映。

（3）以实际行动影响和带动周围职工群众贯彻落实职工代表大会的决议和决定。

（二）参加日常的民主管理活动

民主管理日常活动，是职工代表大会活动的继续和深入，是以贯彻落实职工代表大会决议、决定为主要内容开展的。

1. 根据职工代表大会通过的年度生产经营目标，积极组织和带动周围职工参加合理化建议活动。

2. 及时反映生产经营中出现的问题，对各种损害国家、企业和群众的现象提出批评，或向有关部门反映，敦促其纠正和解决。

3. 参加职工代表团（组）组织的职工代表视察活动，积极提出问题，对重要问题要做好记录。

4. 参加职工代表大会有关专门小组组织的民主质询、民主对话及其他活动。

5. 参加职工代表大会决议贯彻落实情况的检查监督工作。

6. 在车间、班组民主管理中发挥骨干作用。

（三）参加职工代表大会及日常民主管理活动的注意事项

1. 职工代表大会期间的活动，是按照统一的部署、确定的规范和程序进行的。为保证大会顺利进行，职工代表应做到以下几点。

（1）妥善安排好自己的工作，尽量做到在参加大会期间，生产工作不受影响。

（2）要了解掌握职工代表大会行使各项职权的程序、规范，以便正确有效地行使权利。

（3）树立整体观念，加强组织纪律性。不能因为某个程序与自己无关或不感兴趣而中断参加活动。

2. 日常民主管理活动具有分散、小型、多样的特点，一般不搞职工代表统一集中的活动，有些活动是在工会的组织下开展的，而不是把全体职工代表组织在一起进行，因此，要求职工代表做到以下两点：

（1）采取多种方式，广泛接触群众，收集和反映职工的意见和建议；

（2）充分发挥个人主动性，注意发现问题并协助相关部门解决问题。

三、职工代表合法权益的维护

当职工代表的合法权益被侵犯后，可以根据侵犯行为性质、情节的不同，通过不同的渠道来维护自己的利益。

（一）职工代表的劳动权益受到侵犯

职工代表的劳动权益受到侵犯（如用人单位不按规定支付其工资、奖金、违法解除劳动合同等），职工代表可向单位工会反映情况，要求工会帮助解决。工会认为用人单位的做法不适当的，有权提出意见，或者与单位行政部门交涉，要求予以改正。如双方发生争议，职工代表可向单位劳动争议调解委员会申请调解或向当地劳动争议仲裁委员会申请仲裁。

（二）职工代表的民主权利受到侵犯

职工代表在履行职务或日常工作中，民主权利受到侵犯的，可向单位党组织或党的纪检组织控告和申诉，请求处理。例如因党员干部违法乱纪，压制、阻挠职工代表行使民主权利或对职工代表进行打击报复的。

（三）职工代表的人身权利受到侵犯

职工代表的人身权利受到侵犯，也可向单位党组织或党的纪检组织控告和申诉。例如被非法限制人身自由，或受到侮辱、诽谤等情节较轻的，其中又涉及党员干部违法违纪的情况。侵犯职工代表的人身权利，尚未构成犯罪的，还可要求公安机关按照《治安管理处罚法》的规定处罚或向人民法院提起民事诉讼。对于情节较重，已构成犯罪的，还可向人民法院提起刑事诉讼。

第三节　提高职工代表的素质

一、职工代表的素质要求

职工代表的素质，是指职工代表行使职工代表的权利、履行职工代表义务所必备的各种内在要素。职工代表的素质如何，直接关系到企业民主管理、民主监督和职工代表大会的水平，因此对职工代表一定要加强教育和培训，要重视提高广大职工代表的素质。

新时代对职工代表素质提出了更高的要求，职工代表应该既懂经济、懂管理、懂有关的法律条文和法律的规定，还应该在企业生产技术工艺流程、生产特点方面，成为本工作和本行业的行家里手。就是说，广大职工代表要想更好地行使权利、履行义务，在民主管理和民主监督中更好地发挥作用，职工代表的素质必须符合这样一些要求。

（一）思想政治素质

职工代表要不断提高思想政治素质。要自觉用马克思主义、毛泽东思想、邓小平理论、"三个代表"重要思想、科学发展观、习近平新时代中国特色社会主义思想武装自己，认真学习贯彻习近平总书记系列重要讲话精神，确立主体意识、大局意识和参与意识。主体意识，就是增强主人翁的责任与意识，争做改革开放的主力军；大局意识，就是指要从国家、企业的大局出发，正确处理改革、发展、稳定三者之间的关系；参与意识，就是指要以饱满的热情和高度负责的态度，全身心地投入企业的发展和建设中去。

（二）心理素质

心理素质，就是人在感知、思维、想象、观念、情感、意志、兴趣等各种心理品质上的状态。一个人要想成才，要想在事业上拔尖，就必须具备健康的心理。健康心理素质表现在：乐观的进取心，有较强的情绪控制能力；正常的人际关系，有良好的自我意识和积极进取的精神。

建立社会主义市场经济体制要求广大职工必须有较强的现实调节能力、适应能力、心理承受能力。作为一名职工代表，要能够适应新旧体制的转变，适应利益分配格局的变化，同时要帮助职工正确认识改革开放带来的变化，适应变化。虽然部分人的利益受到影响，难免会产生失落感，但社会主义市场经济的发展最终会给职工带来长远的根本利益。有了这样正确的认识、冷静的心态，才能从容面对变革的时代和日常工作生活。

（三）业务素质

业务素质也可以称为文化素质、技术素质。文化水平不高，技术水平提高起来就比较困难。既有一定的文化水平，又有一定的技术水平，二者兼有，才能不断提高业务素质。

在世界各国展开的竞争和角逐中，谁拥有掌握科学技术知识的人才，谁就有获胜的优势。人的知识化是创造社会财富的关键因素之一，在知识层面上，现代社会需要的是既能在某个领域里出类拔萃，又能对其他领域的工作有较强适应性的复合型人才。随着市场经济的不断完善和发展，经济结构调整势在必行。各个行业、各企业此消彼长不可避免，这必然导致部分企业的兼并、重组、破产，造成职工下岗、失业。市场竞争归根到底是人的素质的竞争。

所以，职工代表要号召职工在平时生活、学习过程中，必须认真学习掌握有关的法律法规和相关政策。国家的法律和政策，是职工代表行使民主管理权力的基本依据。职工代表在审议企事业单位重大决策、审查重要规章制度、审议决定生活福利重要事项，以及参加干部评议等工作中，都必须贯彻实施国家的法律和政策，否则就可能偏离正确的方向。职工代表要学会把国家的方针政策，同职工群众的意见、要求结合起来，使职代会的各项决议、决定既符合党和国家的法律、法规和政策，又切合企业的实际，符合职工要求。职工代表既要成为某个领域的专家，又要注意拓宽自己的知识面，努力熟悉企业管理和民主管理知识。企业民主管理与企业管理密不可分，职工代表既要有丰富的民主管理知识，同时又需要掌握企业管理知识。当前在企业改革过程中，企业管理的科学化已成为一大趋势。因此职工代表要不断学习和掌握先进的生产经营管理知识，重视自己的知识更新。学习民主管理知识，主要是了解和掌握民主管理的基本理论、政策、法律、法规以及当前企业民主管理的具体规定、特点等。随着企业管理制度的发展，职工代表还要与时俱进，善于及时掌握先进的、科学的和与之相适应的企业民主管理方法。总之，职工代表要成为既懂得政策和法律，又能掌握企业管理和民主管理知识的复合型人才。在学习中要坚持理论联系实际的学风，要在分析问题和解决问题上下功夫。现代科学发展日新月异，新技术、新理论层出不穷，职工代表需要掌握那些可应万变的知识。21世纪人才的科技素质，除了专业科学知识外，还应了解音乐、美术、数学、电脑、互联网等领域的知识与认知能力、表达能力、研究能力等。如果职工代表不提高业务素质，不仅影响代表作用的发挥，部分人还会在激烈的市场竞争和产业结构调整中下岗、失业。

（四）管理素质

职工代表接受职工委托，参加企业管理，如果不了解、不掌握相关知识，就不能充分发挥民主管理作用。为了减少或杜绝这种现象，要求职工代表必须掌握以下几方面的知识。

一是必须了解、掌握社会主义市场经济理论和党的重要方针政策，了解经济体制改革和企业内部改革的目的、意义及有关政策规定。

二是必须了解、掌握企业经营管理的基本知识，熟悉计划管理与经营决策、生产组织和安全管理、劳动人事管理、现代企业管理等知识和业务。

三是必须了解、掌握相关法律法规知识。如《宪法》《全民所有制工业企业法》《工会法》《劳动法》《劳动合同法》《企业民主管理规定》等，懂得签订劳动合同和集体合同知识、技巧。职工代表掌握了有关法律法规、有关政策知识，既能提高参政议政能力，又能提高职工代表大会办事的职能、效率，进而更加充分发挥民主管理对职工合法权益的维护能力。

提高职工代表素质要有相应的制度作保障，主要包括以下几项机制。

1. 建立健全职工代表培训机制

采用定期培训或以会代训等形式培训职工代表，培训的内容包括习近平新时代中国特色社会主义思想和党的二十大精神以及国家当前的方针政策、法律法规，企业当年的生产经营目标，职工代表的权利义务，参政议政的方式方法等。通过培训，提高职工代表当家作主的主人翁意识和参与管理的能力。

2. 建立健全职工代表上岗工作机制

各级工会每年应该至少组织几次职工代表上岗活动，包括每年组织一次职工代表上岗检查安全生产活动，每年组织一次职工代表走访群众、收集民意活动，每年组织一次职工代表上岗参与党政工联席会议活动等，使职工代表处于经常的参政议政状态之中，在经常的活动中提高参政意识，在经常的活动中提高参政水平。

3. 建立健全职工代表述职测评机制

失去群众监督的代表最易产生不作为。工会应组织职工代表每年向本单位职工进行一次述职。述职报告的内容是在职代会上做了哪些发言、提了什么方案，平时做了哪些检查活动、解决了什么问题。职工群众要结合实际情况对代表进行测评，对不满意率过半者进行撤换。通过这种活动，可以增加职工代表的责任感、紧迫感，可以强化职工代表参政议政的能力。

4. 建立健全职工代表选举机制

要不断探索完善选举职工代表新办法。当前，应该采取个人报告、资格审查、竞选演说、职工投票等选举程序，由职工直接选举出满意的职工代表。这样做既有利于公平公开，也有利于强化职工代表的责任意识。

5. 建立健全职工代表激励机制

评选优秀职工代表，对职工满意的职工代表进行奖励。要把这项活动纳入工会年终评选之中，在职工代表中逐步形成一个学先进、赶先进、超先进的局面。通过评选活动，激励职工代表积极履行职责，全面提高素质。

二、职工代表的工作要求

职工代表在具体的管理工作当中，要结合自己的工作，对职工做到调查需求、把握动机、引导行为。

当前，随着社会的发展，职工的思想也发生了很大的变化，职工代表要想真正地发挥好自己的桥梁纽带作用，就一定要深入于广大职工群众之中，要了解广大职工群众的所思所想，要急广大职工群众之所急，想广大职工群众之所想，了解他们的生活、家庭、工作等情况，在调查的基础上把握广大职工群众到底有哪些需求，这些需求哪些是合理的，哪些是不合理的，哪些是现在就可以满足的，哪些是需要创造条件才能够逐渐满足的。这样做的目的是引导行为，当然在引导行为方面，职工代表需要配合企事业单位行政、企事业单位工会，要引用一些新的模式和手段来正确引导，达到双赢。完全领悟企事业单位现有的规章制度，团结和带领广大职工群众积极投身改革，参与改革，为改革建功立业。在这个过程中，职工代表才能够真正地维护好职工的合法权益，同时又能够保证企事业单位的生存和发展，真正在这两者之间的结合上行使好自己的权利、履行好自己的义务、发挥好自己的作用。

职工代表要充分发挥职工群众的积极性、主动性和创造性。充分调动职工积极性、主动性和创造性是一项复杂的系统工程。在快速发展的现实社会中，经济成分的多重性导致了职工思想的多元化，决定了调动职工积极性、主动性和创造性方法的多样性。

（一）坚持正面灌输，促使劳动动机升华

职工的综合素质是发挥积极性、主动性和创造性的基本因素。提高职工的综合素质离不开经常不断地进行正面灌输教育，以抵制和消除消极因素。对职工进行经常性的灌输教育，主要是进行社会主义信念教育、共产主义理想教育、马克思主义基础理论和党的基本知识教育。要结合政治学习活动，向职工宣讲党史、中国工运史，宣讲党的理论、纲领和宗旨，宣讲马列主义、毛泽东思想、邓小平理论、"三个代表"重要思想、科学发展观、习近平新时代中国特色社会主义思想。对职工正面灌输教育，要坚持持之以恒、循序渐进的原则，采取理论联系实际的方法，做到通俗易懂和贴近生活、贴近群众，并以事说理、以理解惑。通过正面灌输，全面提高职工的政治素质，使职工能够站在更高的角度去认识社会、认识自己，体现自己的劳动价值，自觉地把个体性劳动与社会性劳动融为一体，产生

比较稳定持久的驱动力。

（二）分析职工的需求状况，实施以人为本的亲情教育

人们从事各种活动的内在原因，是为了满足各种各样的不同需求。人们的需求是复杂多样、千差万别的。要想做好职工的思想政治工作，提高职工积极性、主动性和创造性，就必须经常不断地科学地分析职工的需求状况，实施以人为本的亲情教育。

（三）掌握职工思想动态，分层次进行针对性教育

在目前多元化发展的社会中，职工的思想随着社会的变化也处于多元性发展变化中，调动职工的积极性就必须准确掌握职工的思想发展动态，进行有针对性的教育。在具体的思想政治工作中，也要按职工的年龄、文化程度、职务、工种或爱好、性格等划分层次，区别不同，分类施教。那种不从实际出发，"一刀切"的政治说教，只会收到相反的结果。

（四）提高领导素质，夯实调动职工积极性、主动性和创造性的基础

职工代表在职工看来是人格化的组织，职工群众对代表都有较高的期望值，希望自己的代表具备应有的水平、具有较强的人格吸引力等。

三、努力发挥职工代表的作用

职工代表受职工群众的委托参加企业民主管理，行使民主权力，应当努力反映和表达职工群众的意愿和要求。同时，还要向职工群众传达、解释职工代表大会的决议和决定，并以实际行动带头认真贯彻落实职工代表大会的决议和决定。

职工代表充分发挥作用，必须注意做到以下几点。

（一）坚持实事求是的原则

职工代表在参加企业民主管理的各项活动中，要牢记自己是群众的代表，是在代表职工群众行使民主管理的权力，自己的一言一行都要对职工

群众负责，不能以个人意见和见解来代替群众的意见。因此，要如实地、尽量全面地表达和反映职工群众的意见和要求，坚持以事实为根据来说话。在表决时，不要盲目随波逐流，也不应害怕别人非议，要敢于表达自己的意见。要如实地传达职工代表大会的决议和决定，力求做到传达不走样，不遗漏主要精神。注意不能因为个人意见被否决，就进行片面的宣传和解释。

(二) 勇于代表职工讲话

职工代表作为群众的代言人，在重大原则问题上要出于公心，敢于坚持真理，坚持正义，敢于代表群众说话，不怕打击报复，不怕挫折，不计较个人得失。

(三) 注意改进思想方法和工作方法

职工代表要在参与决策和管理中发挥更大的作用，就必须注意工作方法，努力提高参与管理的能力。

1. 既要注意生活福利问题，也要注意生产经营问题

职工的生活福利问题不容忽视，但是不能只注意这一个方面，还要思考、研究生产经营方面存在的问题，如产品质量、成本、品种以及产品销售前后的服务等，要善于找出生产经营方面的薄弱环节，积极提出建议加以解决。

2. 注意变被动参与为主动参与

职工代表的高度负责精神，充分体现在职工代表的自觉性和主动性上。职工代表不是企事业单位的岗位职务，是受群众委托参与管理工作，因而这种自主精神更加可贵。职工代表要在参加企业各项民主管理活动中勤于动脑，注意观察，积极主动地发表意见、提出建议。

3. 注重调查研究，全面把握事物的本质

职工代表在参与管理的过程中，要使自己的意见、建议能够"参"到点子上，必须对所反映的问题的实质有全面的、正确的认识。而要做到这一点，就必须深入调查研究，尽可能地全面了解情况，并对了解和掌握的

情况，认真进行分析、比较，去粗取精，去伪存真，这样才能比较深刻地揭示事物的本质，做出正确的判断。

（四）保持同群众的密切联系

职工代表是职工群众中的一员，必须同群众保持密切的联系，取得群众的信任和支持，从群众中得到智慧和力量。如果脱离群众，听不到群众的呼声，不掌握真实的情况，就不可能发挥职工代表应有的作用。职工代表要保持同群众的密切联系，一要以身作则，处处为大家做出榜样，得到群众的信任和尊重。二要同群众讲真话，只有自己同群众推心置腹，才能让人把心里话亮出来，从而得到真实的情况。三要广泛接触群众，先进、中间、落后的群众都要接触。要团结大多数，不能只从个人感情和兴趣出发，同少数人联系。四要热心为群众办实事，要想群众之所想，急群众之所急，真心实意为群众办实事。

（五）正确处理国家、企业、职工三者利益关系

在社会主义制度下，国家、企业、职工利益从根本上说是一致的，但有时也会发生一些矛盾。作为职工代表，首先要以国家利益为重，局部利益服从全局利益，从国家这个大局出发，把企业的事办好。如果每个职工代表都不顾国家的利益，片面强调企业利益、个人利益，就会影响全局，给国家造成更大的压力和负担。这不符合工人阶级的根本利益。

在企业内部也有局部利益和全局利益的矛盾。职工代表是由各基层单位选举出来的，当然要如实反映和代表本单位职工的意见。职工代表大会作出决议后，应积极拥护和认真贯彻执行，不能采取消极态度，这是作为职工代表必须具备的品质和必须遵守的纪律。

参考文本1

职工代表竞选演讲稿

尊敬的各位领导，各位同事，大家好！

首先在这里衷心地感谢公司领导提供这么好的平台，让我们这些来自

生产第一线的职工有机会相聚到一起交流思想。同时也感谢同事们的信任和厚爱，让我表达参加职工代表竞选的意愿。随着改革的深入，企业职工的价值观念、思维方式都发生了很大的变化，面对这些新情况、新问题，公司需要职工代表们在基层了解员工的思想动态，及时向公司领导部门反映员工工作与生活中存在的问题、员工的疾苦、员工的心声。为提升员工的精神和斗志，强化执行力，增强凝聚力，提供有力的支持和保障。

如何才能做好一名职工代表？我个人的理解如下。

首先，要转变"因循守旧"的观念。面对企业的新形势，职工代表要顺应"知识经济"发展的潮流，实现思想观念的现代化，跟踪现代企业发展的轨迹，与单位建设"同频共振"。

其次，要树立一种服务意识。本着"多一份奉献、少一点索取，多一份责任、少一点推诿，多一份努力、少一点懈怠，多一份谨慎、少一点随意"的服务态度，做好领导、职工的联系纽带，起到承上启下的作用，贯彻好上级精神，关心好同事冷暖，让领导放心、让同事顺心。

再次，加强思想引导能力。引导同事从改革大格局以及市场激烈的竞争形势看待问题和分析问题，帮助同事正视企业改革和发展中的各种情况，加强同事们对各种变革的适应能力和承受能力，正确对待企业变革过程中引起的个人利益关系的调整，不被局部的暂时的困难吓倒，不被片面的现象迷惑，不被落后的自私的思想左右。

最后，在工作中能够要做到三个及时。一是要及时把上级的方针政策和工作部署带下去，做好宣传、解释工作；二是要及时了解同事们的需求、建议和意见，做好代言人角色，为上级领导制定方针政策和工作部署提供依据；三是要及时主动发现问题和矛盾，积极帮助同事们解决问题、化解矛盾。

在今后的工作中，我希望有机会成为公司和员工之间沟通的桥梁，我会在维护公司整体利益的基础上，认真维护好员工利益。做一名懂政策、知法规的劳动关系协调员，做一名能广泛听取和收集公司与员工双方意见和建议的信息员，做一名能及时反馈工作各方面信息的传达员，做一名能为员工排忧解难的服务员。

最后，让我再次感谢诸位给我这个难得的竞聘机会，感谢各位评委和在座的所有听众对我的支持和鼓励。谢谢！

参考文本2

职工代表述职报告

各位领导、同志们：

过去的一年，我作为职工代表在公司党委和工会的领导下，认真学习贯彻习近平新时代中国特色社会主义思想和党的二十大精神，充分代表职工行使民主权力，在公司广大职工的共同发奋下，用心主动地开展经营管理和生产施工工作，为公司的健康和谐发展作出了应有的贡献，充分展现了职工代表的桥梁和纽带作用，在此，我向全体职工表示衷心的感谢！

下面，我将一年来履行职工代表职责状况报告如下。

一、深化民主管理，履行代表职责

从群众中来，到群众中去，和群众打成一片，自毛泽东时代就广为人传，我深信之，且笃行之，在工作中用心主动征求和采纳群众意见、推荐。无论是在施工现场，还是在公司本部，我都用心调查研究，同职工群众交流谈心，倾听他们的呼声，及时准确把握他们关心的热点和难点问题，从而为提出相关提案，切实帮助一线职工解决实际问题、收集了宝贵资料。

尊重民意，就要让民主意识植根于群众思想，我引导、培养每一名职工的主人翁意识，充分发挥每一名群众的智慧和创造力，提高分公司生产经营效益。去年，我认真参加民主议事会，广泛征求广大职工的建议，调动每位员工以主人翁态度参与分公司生产生活管理。进一步加强公务透明度，在涉及生产经营方面的重要问题上，注重倾听职工心声，用心引导职工为分公司发展建言献策，从而切实维护了职工参政议政的权益，也为我公司持续和谐发展带来了不竭动力。

二、用心参与并完成公司工会组织的各项活动

工会组织发挥着联系企业和职工的桥梁作用，各项活动的组织也是推动公司发展不可或缺的组成部分。今年以来，公司工会用心开展"三联赛"、夏送清凉、冬送温暖、职工技术户外会等活动。活动中我用心配合公司工会，用心组织分公司职工参加。各项活动的深入开展，丰富了广大职工的文化生活，营造了良好的文化氛围，有效激励了职工干事创业的热情。

三、代表职工利益，为职工办实事

职工代表是公司与广大职工之间联系的桥梁，是广大职工心声的反映者，起着一种承上启下的纽带作用。真正关心和代表广大一线职工的根本利益，坚信和依靠广大职工，全心全意为职工服务，坚持从群众中来、到群众中去。我作为××公司经理，通过深入调研，摸清并切实解决生产一线在安全生产、队伍稳定等方面存在的突出问题，改善工作作风、优化工作流程、提高工作质量、提升管理水平，建设礼貌高效管理团队。坚持"以人为本"的思想，着眼于解决职工实际存在的问题，把关爱职工落到实处。

四、传达宣传职代会精神、执行职代会决议和参与日常民主管理状况

在职代会上，我认真聆听和学习公司行政所做的工作报告。会后深刻领悟，为进一步宣传职代会精神，制订了具体的宣传学习方案，并利用宣传栏、板报、电子邮件和公司书报刊物等多种手段，在公司各部门及各个施工所在地项目上宣传学习。用心引导职工把思想和我公司的发展规划统一起来，把职责落实到具体工作中。针对发展面临的严峻形势，不断推进精益化管理，标准化建设，持续加强科技创新，稳步提升了发展的质量和效益，有力确保了全年各项目标的完成。

五、加强自身素质建设，全面提升工作水准

作为职工代表，我十分注重加强自身素质建设。一年来，我用心参加

公司组织的相关培训，始终坚持理论学习，着力提高思想政治素质，以习近平新时代中国特色社会主义思想武装头脑，认真学习党的二十大精神，进一步增强了职责感和使命感。

在工作中，我以共产党员的标准要求自己，加强自身党性建设，时刻保持头脑清醒。在生产一线，应对职工关心的突出问题，我加强监测和追踪，仔细摸排不稳定因素，用心疏导职工情绪，及时处理有关利益纠纷和职工情绪低落等问题，将不稳定因素解决在施工现场，维护了企业的良好形象和稳定大局。

各位代表，以上是我的述职报告，请大家审议。今后，我会更加发奋提高自身政治理论素质和工作水平，以更高的目标、更严格的要求、更饱满的工作热情和更加勤奋的工作精神，发挥职工代表最大作用，为促进公司又好又快发展作出自己的贡献。

思考题

1. 职工代表的权利义务和职责是什么？
2. 作为职工代表，如何在企业民主管理中更好地发挥作用？

第二章

职工代表参与职工代表大会工作

　　职工代表大会是职工实行民主管理的基本形式，是职工行使民主管理权力的机构，是基层民主制度的重要组成部分。职工代表参加职代会，依法落实职代会的各项职权，是搞好职工民主管理、确立职工主人翁地位的重要保证。

第一节　职工代表大会的性质及特点

一、职工代表大会制度的性质

关于职工代表大会的性质，《全民所有制工业企业职工代表大会条例》明确规定："职工代表大会是企业实行民主管理的基本形式，是职工行使民主管理权力的机构。"《工会法》规定："国有企业职工代表大会是企业实行民主管理的基本形式，是职工行使民主管理权力的机构，依照法律规定行使职权。"我国《企业民主管理规定》对职代会的性质作了如下表述："职工代表大会（或职工大会，下同）是职工行使民主管理权力的机构，是企业民主管理的基本形式。"以上规定，清楚地表明了企业职工代表大会的性质。表述的前半部分是对职代会本质描述，而后半部分则是对职代会组织形态描述。表明职代会是行使民主权力的机构。这种行使权力，是依法开展活动，是职工代表运用协商、咨询、共同参与等方式作出决定。主要表现在审议企业重大决策、监督行政领导和维护职工合法权益等方面的权力，是特定的民主管理权力。

我国的《宪法》《劳动法》《工会法》《公司法》等多部法律都规定企业通过职工代表大会等形式，参与企事业单位民主管理。职工代表大会是社会主义企事业单位实行职工民主管理的基本形式，也是基层民主政治建设的基本制度。职工代表大会制度不仅具有明确的法律规定、法定职权，而且经过多年的工作实践，已经建立相对完整的组织结构和工作制度。尤其是改革开放以来，随着我国基层民主政治建设的不断发展完善，职工代表大会的覆盖面不断扩大，内容不断丰富，机制不断完善，具有比较深厚的群众基础，在促进企事业单位改革、发展、稳定中发挥着重要作用。

正确认识职工代表大会的性质，了解和掌握职工代表大会的组织原则，明确职工代表大会的任务，对于在新形势下贯彻落实党的二十大精神，促进基层民主政治建设，坚持完善职工代表大会制度，调动职工的积极性、主动性、创造性具有重要意义。

二、职工代表大会制度的特点

职工代表大会制度是我国企事业单位民主管理的基本形式，是职工在单位内部行使民主管理权力的代表机构。职代会制度具有三个典型的特征，其一为民主性，其二为权威性，其三为科学性。民主性，是指职工代表大会的基本构成是职工代表，而职工代表由本单位职工民主选举产生，广泛代表各个方面的利益和诉求；权威性，是指法律赋予了职工参与本单位民主管理的权力，法律同时规定了职代会是职工行使民主管理权力的机构，职代会做出的一切决议都具有相应的法定权威性，对企事业单位管理者有着一定的强制力和约束力；科学性，是指职代会有完整的组织制度和工作流程。职代会遵循民主集中制原则，少数服从多数，大会必须由2/3以上职工代表出席方为有效，决议必须由一半以上应到会职工代表同意才可通过。从而保证职代会所讨论的议题，做出的决定，都能始终体现着大多数职工的意愿和诉求。

（1）职工代表大会制度具有广泛的代表性和充分的民主性，是我国基层民主政治制度在企事业单位管理中的具体体现。

职工代表的组成具有广泛的代表性和民主性，主要表现在：职工代表来自企事业单位的各个部门和层面，由职工群众直接选举产生，包含了工人、技术人员和管理人员等。职工代表受所在部门职工的委托，代表本部门职工的利益，通过职代会参与企事业单位民主管理，表达本部门职工意愿，对他们负责，受他们监督，并定期向他们报告工作。

职工代表大会的工作程序也具有充分的民主性，职代会各项活动的开展，都必须经过讨论、征求意见和表决等一系列的民主程序。可以说，实施职工代表大会制度，让职工群众依法实行民主选举、民主决策、民主管理和民主监督，是人民当家作主最直接、最广泛的实践，体现中国特色社会主义民主的本质特征，是我国人民民主的政治制度在企事业单位中的具体体现。这也是我国最初创建职代会制度时的政策性因素，因此职工代表大会制度难免从产生起就具有浓厚的政治意义色彩，并且许多时候容易被异化为一种政治参与制度，这使得职代会的经济管理职权容易被忽视，使得职代会民主管理的职能流于形式。

（2）职工代表大会制度是有中国特色的企事业单位内部组织机构的重要组成部分。

企事业单位管理包括专业管理和民主管理两部分，企事业单位民主管理是指企事业单位职工参与的企事业单位经营管理。职工参与管理是社会化大生产的必然趋势和客观要求，是保障劳资和谐关系的必然要求。社会生产力越发展，分工和管理关系就越复杂，对发挥劳动者主观能动性的要求就越高，因此不管什么性质的企业，生产组织关系如何，企业民主管理都不可或缺。因此企事业单位民主管理制度是企事业单位管理制度的重要组成部分。需要注意的是，不同的社会制度和经济制度，职工参与企业管理制度的模式会有差异。应该根据各国的国情和法律文化背景，选择和建立适合本国的职工参与制度，不可照搬他国的模式。我国职工代表大会制度历史悠久，是企事业单位采用最普遍的职工参与管理制度，为人们所熟悉，并且已经被我国的法律规定下来并定位为企事业单位实行民主管理的基本形式和职工行使民主管理权力的机构。因此，职工代表大会是我国企事业单位组织机构的特色。

回顾职代会几十年的发展历史，无论是计划经济时期，还是市场经济时期，尽管实际中职代会的职权和地位都发生了变化，但是职代会作为职工参与企业管理的制度化渠道，都应该是我国企业内部组织机构的重要组成部分。对于维护职工合法权益、协调企业内部关系、推动建立和谐稳定的劳动关系发挥了积极作用。

三、职工代表大会制度是企事业单位实行民主管理的基本形式

职代会制度作为职工参与民主管理的基本形式，它拥有法定的、完整的组织制度和工作程序，是采用最多、最具代表性的职工民主管理制度。目前我国实行的企事业单位民主管理形式除职工代表大会以外，还有厂务公开、职工董事、职工监事、劳资恳谈会、民主协商会、民主议事会和职工民主管理委员会等其他民主管理形式，但较其他形式而言，职工代表大会制度具有显著的优势。

（一）职工代表大会具有充分的法律依据

宪法和有关法律对职工代表大会的性质、组织制度、工作内容和活动方式作了明确规定，确定职工代表大会享有审议企事业单位重要决策、评议监督行政领导干部和维护职工合法权益等方面的权利，虽然其部分规定已经难与当前社会经济发展状况相适应，已经不具实际意义，但是就其他民主管理形式而言，职工代表大会制度仍然是法律上最完备和最成熟的职工民主管理制度。

（二）职工代表大会拥有完整的组织体系

职代会形成了一套较完整的组织制度和工作制度：职代会实行常任制，下设职工代表团、职工代表组和各种专门的工作委员会；职代会在开会期间由工作机构、主席团安排各项活动，在闭会期间由代表团组成联席会议行使其职权；工会是职代会的工作机构，负责职工代表大会的日常工作。不仅《企业民主管理规定》明确规定了职代会的工作制度、职工代表的选举程序和表决程序等，而且各地方法规又根据各自的具体情况细化了有关规定，建立了职代会报告制度、职代会预告预审制度、职代会质量评估制度、职工代表巡视制度、职工代表述职制度、职工代表竞选产生等新制度。

(三) 职代会是最主要的民主管理形式

经过几十年的演化历史，职工代表大会制度积累了丰富实践经验，是基层企事业单位采用最普遍、"知名度"最高的民主管理形式，其形象和工作方式深入人心。虽然近年来受到一定削弱，但它仍具有广泛的适用性，是最主要的职工民主管理形式。

(四) 职工代表大会为广大职工参与企事业管理提供了最基本和最广泛的平台

其他职工参与形式或者是作为职代会的补充，或者必须通过职代会才能发挥作用，因此都必须以职代会这个平台为依托。

总之，职代会在诸多职工参与管理的形式中起着核心作用，更是民主管理的基本形式。

第二节　职工代表大会的组织制度及职权

一、职工代表大会的组织制度

组织制度是职代会开展活动，履行民主管理职能，完成其任务的组织设置与工作制度的总称。包括组织机构、工作机构、组织原则及各项活动制度等。

(一) 职工代表大会的组织机构

1. 职工代表大会主席团

职工代表大会主席团在职代表大会预备会上由全体职工代表选举产生。其具体职责是：(1) 主持召开大会，负责大会期间的各项工作；(2) 研究需要大会通过和表决的事项，草拟大会决议；(3) 听取和综合各项职工代表团（组）对各项议案的审议意见和建议，对提案进行修改；（4）主持大会的表决和选举工作；（5）处理大会的其他重要事务。

2. 职工代表大会专门工作委员会（小组）

职工代表大会专门工作委员会（小组）成员在职代会上提名，由职代会选举产生，人数一般为5~9名。其职责是：（1）平时，经常深入职工群众，了解和听取关于本工作小组（委员会）负责范围内的工作意见和要求；（2）会前，征集、汇总职工代表提案；（3）会中，上报大会提案，并做好大会交办的各项服务工作；（4）会后，检查监督大会决议和提案的贯彻落实情况，研究处理属本组织权限内的问题；（5）办理职代会交办的其他事务；（6）按规定向职代会报告工作。

3. 职工代表团（组）联席会议

联席会议人员一般由职工代表团（组）长、企事业党政负责人和职代会专门小组负责人等组成。联席会议一般每季度召开一次，遇到工作需要，也可随时召开。每次会议必须有2/3以上的人员出席方可召开，占应出席人员一半以上通过的决议方可有效。

4. 职工代表大会各代表团（组）

职工代表大会各代表团（组）由职工代表按分公司、处（车间）、科室、所站等组成代表团（组），代表团（组）长一般应由本单位领导担任。

代表团（组）在开会期间的主要任务如下。（1）组织本团（组）职工代表出席职工代表大会。（2）协助行政安排好职工代表出席会议期间的生产和工作。（3）组织本团（组）代表认真审议企事业单位重大决策，积极反映职工对重大决策等问题的意见和建议。必要时，在征得大会主席团同意后，选派自己的代表在大会上发表意见。（4）参与有关决议案的起草。（5）完成大会主席团交办的其他工作。

代表团（组）在闭会期间的主要任务如下。（1）向本单位职工传达大会精神，引导职工以实际行动落实大会决议。（2）参加本单位日常民主管理活动。（3）组织本团（组）职工代表学习党的方针政策，学习国家的有关法律、法规，学习管理基本知识。（4）征集、处理提案，对本单位职工提出的提案进行初审，其中确属本单位内能够解决的问题，可直接提交本单位行政研究解决。属于全局性需要解决的问题，上报职代会提案审查小组。（5）接受职工代表大会委托的其他工作。

（二）职工代表大会的工作机构

企事业都应依法建立工会组织。企事业工会是职工代表大会的工作机构，是职工代表大会和其他民主管理活动的组织者。

其工作职责：组织职工选举职工代表；提出职工代表大会的议题的建议，负责职工代表大会的筹备和组织工作；督促行政和发动职工落实职工代表大会决议、决定和职工代表提案；接受和处理职工代表的申诉和建议，维护职工代表的合法权益；负责职工代表的培训工作，组织职工代表学习法律、政策、业务和管理知识，不断提高职工代表素质；建立健全民主管理工作档案；定期向上级工会报告民主管理工作情况；组织开展职工民主管理的其他工作。

召开区域性或行业性非公企业职工代表大会的地区，应由本届职工代表大会选举产生负责职工代表大会组织领导的常设工作机构，负责职工代表大会的具体组织工作。

（三）职工代表大会的组织原则

职工代表大会的组织原则是民主集中制。民主集中制，就是坚持民主基础上的集中和实行集中指导下的民主。民主与集中是互相依存而不是彼此否定的，正如毛泽东同志所说："在人民内部，不可以没有自由，也不可以没有纪律；不可以没有民主，也不可以没有集中。这种民主和集中的统一，自由和纪律的统一，就是我们的民主集中制。"对于民主基础上的集中，是指遵循少数服从多数的原则。凡属企业民主管理上的重大问题都要集中大多数人的意见，然后形成决议大家执行。集中指导下的民主，也不应理解为某一个人的个人意志，而是必须坚持"个人服从组织、少数服从多数、下级服从上级、全党服从中央"的原则，原则的核心是少数服从多数。

贯彻执行好民主集中制这一组织原则，要正确理解和处理好民主与集中的关系，既要反对单一强调民主忽视集中，又要反对单纯强调集中排除民主的形而上学的观点，要把民主集中制贯穿于职工代表大会活动的全过程，职工代表大会活动的每个环节都要按民主程序办事，才能保证职工代表大会的质量。

（四）职工代表大会的组织制度

根据《企业民主管理规定》，职工代表大会的组织制度如下。

1. 企业可以根据职工人数确定召开职工代表大会或者职工大会

企业召开职工代表大会的，职工代表人数按照不少于全体职工人数的5%确定，最少不少于30人。职工代表人数超过100人的，超出的代表人数可以由企业与工会协商确定。

2. 职工代表大会的代表构成

职工代表大会的代表由工人、技术人员、管理人员、企业领导人员和其他方面的职工组成。其中，企业中层以上管理人员和领导人员一般不得超过职工代表总人数的20%。有女职工和劳务派遣职工的企业，职工代表中应当有适当比例的女职工和劳务派遣职工代表。

3. 职工代表大会的任期

职工代表大会每届任期为三年至五年。具体任期由职工代表大会根据本单位的实际情况确定。

职工代表大会因故需要提前或者延期换届的，应当由职工代表大会或者其授权的机构决定。

4. 职工代表大会专门委员会（小组）

职工代表大会根据需要，可以设立若干专门委员会（小组），负责办理职工代表大会交办的事项。专门委员会（小组）成员人选必须经职工代表大会审议通过。

5. 联席会议制度

职工代表按照基层选举单位组成代表团（组），并推选团（组）长。可以设立职工代表大会团（组）长和专门委员会（小组）负责人联席会议，根据职工代表大会授权，在职工代表大会闭会期间负责处理临时需要解决的重要问题，并提请下一次职工代表大会确认。

联席会议由企业工会负责召集，联席会议可以根据会议内容邀请企业领导人员或其他有关人员参加。

二、职工代表大会的工作制度

（一）职代会提案制度

1. 职代会提案制度是指职代会代表在职代会开会期间或闭会期间围绕生产经营管理、职工切身利益等方面的问题提出意见、建议，向提案专门委员会（小组）提请立案处理的制度。

2. 提案应由一名提案人和两名以上附议人以书面形式提出，内容包括案由、依据和解决办法。

3. 提案专门委员会（小组）负责提案的审查立案。对于未立案的提案必须向提案人、附议人说明原因。

4. 提案专门委员会（小组）对采纳的提案，送达相关职能部门，并督促整改落实。

5. 提案专门委员会（小组）对提案的立案、落实、检查等情况应形成书面材料，向下次职代会作专项报告。

（二）职代会代表巡视检查制度

1. 职代会代表巡视检查制度是职工代表对职代会决议贯彻落实情况、职工群众关心的热点问题等，有重点、有针对性地进行工作检查的制度。

2. 巡视检查一般由工会牵头，以职代会专门小组成员为主，组成职工代表巡视检查组进行。

3. 巡视检查可采用听取汇报、座谈、问卷调查等形式。

4. 巡视检查组应将检查情况和整改建议以书面形式，及时、如实地反馈给被查单位，并督促其整改。

5. 巡视检查的情况应在下次职代会上作专项报告。

（三）职代会质量评估制度

1. 职代会质量评估制度是指职工代表对本单位职代会制度运行的规范性、实效性作出客观评价的制度。

2. 职代会质量评估可在职代会正式会议之后或职代会闭会期间进行，一般采用职工代表填写《质量评估表》的形式。

3. 质量评估内容包括职代会会议的质量、职权的落实、工作制度的执行、代表职责的履行，以及职代会代表的培训等方面。

4. 工会与行政应根据质量评估的情况，制定相应的整改措施。

5. 质量评估的结论和整改情况应在下次职代会上作专项报告。

三、职工代表大会的职权

职工代表大会是党领导下的职工实行民主管理的基本形式，是职工行使民主管理权力的机构，既然是权力机构，就必定具有规定的职权，职工代表大会的职权就是职工民主管理权力的具体化，职代会要在法律规定的范围内行使职权和完成任务。

《企业民主管理规定》第十三条明确规定了职工代表大会的职权。

（一）听取企业主要负责人关于企业发展规划、年度生产经营管理情况，企业改革和制定重要规章制度情况，企业用工、劳动合同和集体合同签订履行情况，企业安全生产情况，企业缴纳社会保险费和住房公积金情况等报告，提出意见和建议。

审议企业制定、修改或者决定的有关劳动报酬、工作时间、休息休假、劳动安全卫生、保险福利、职工培训、劳动纪律以及劳动定额管理等直接涉及劳动者切身利益的规章制度或者重大事项方案，提出意见和建议。

（二）审议通过集体合同草案，按照国家有关规定提取的职工福利基金使用方案、住房公积金和社会保险费缴纳比例和时间的调整方案，劳动模范的推荐人选等重大事项。

（三）选举或者罢免职工董事、职工监事，选举依法进入破产程序企业的债权人会议和债权人委员会中的职工代表，根据授权推荐或者选举企业经营管理人员。

（四）审查监督企业执行劳动法律法规和劳动规章制度情况，民主评议企业领导人员，并提出奖惩建议。

（五）法律法规规定的其他职权。

《企业民主管理规定》第十四条规定，国有企业和国有控股企业职工代表大会除按第十三条规定行使职权外，还行使下列职权。

（一）听取和审议企业经营管理主要负责人关于企业投资和重大技术改造、财务预决算、企业业务招待费使用等情况的报告，专业技术职称的评聘、企业公积金的使用、企业的改制等方案，并提出意见和建议。

（二）审议通过企业合并、分立、改制、解散、破产实施方案中职工的裁减、分流和安置方案。

（三）依照法律、行政法规、行政规章规定的其他职权。

此外，县级以下一定区域内或者性质相近的行业内的若干尚不具备单独建立职工代表大会制度条件的中小企业，可以通过选举代表联合建立区域（行业）职工代表大会制度，开展企业民主管理活动。

工会负责组织建立区域（行业）职工代表大会制度。区域（行业）工会作为区域（行业）职工代表大会的工作机构承担日常工作。

集团企业的总部机关和各分公司、分厂、车间以及其他分支机构可以按照一定比例选举产生职工代表，召开集团企业职工代表大会，实行企业民主管理。

集团企业的总部机关和各分公司、分厂、车间以及其他分支机构，按照本规定建立职工代表大会制度，在各自的职权范围内分别开展民主管理活动。

总之，职工代表大会是我国企事业单位职工参与民主决策、民主管理、民主监督的基本制度，是企事业单位实行民主管理的基本形式，是职工行使民主管理权力的机构，是实现工人阶级在国家经济、政治、文化和社会生活中当家作主的基础，是落实党的全心全意依靠工人阶级的根本指导方针和切实加强基层民主政治建设的重要举措。我国是社会主义国家，在企事业单位坚持以职工代表大会为基本形式的民主管理、民主决策、民主监督，让职工当家作主，这是宪法和法律赋予的权利。

第三节　职工代表大会的召开程序

一、职工代表大会的筹备工作

职工代表大会是企事业职工行使民主管理权力的主要载体和基本形式，基层工会在召开职工代表大会和换届时，必须充分做好大会的各项准备工作，确保大会顺利举行。

（一）建立筹备机构

1. 组织领导

召开职代会前要成立筹备领导小组，在同级党组织领导下，具体负责筹备工作，重大问题经工会和联席会议集体讨论决定，并报同级党组织审批。

2. 工作小组

根据工作需要，领导小组可下设若干工作小组，如代表资格审查组、组织秘书组、宣传会务组等，负责大会事务工作。

（二）制订工作方案

1. 明确大会筹备工作的主要领导成员、大会设立的专门工作机构及其组成人员和工作职能。

2. 确定大会的主要任务，如大会指导思想、需大会审议的文件和提案、选举产生专门工作委员会等。

3. 确定大会代表和条件、构成及产生程序。

4. 确定领导机构的配置和推选、选举办法。

5. 拟定大会召开日期及会期日程安排。

6. 预算大会经费。

（三）呈报会议安排

1. 向同级党委和上级工会呈报关于本次职代会安排的请示

请示内容主要包括：大会代表的产生和比例，大会的时间安排、组织机构，职代会专门工作小组的设置、选举方法，会议时间及费用。

2. 同级党组织和上级工会对呈报大会安排请示的批复

批复内容主要包括：对会议时间安排、代表名额构成原则及比例等意见。

3. 根据批复精神作出本次大会的安排意见

安排意见主要包括：职工代表大会的组织领导、代表的比例构成、大会的主要议题、大会时间安排及其他具体要求。

（四）营造大会氛围

可编写、张贴和悬挂一些相关标语口号，在职工中营造职工代表大会的良好氛围，也可及时编写一些以大会安排意见为基准的宣传提纲，在职工群众中广泛进行宣传教育。

（五）准备大会材料

1. 大会文件材料

职工代表大会各项准备工作就绪后，工会应发出会议通知文件，内容主要包括：大会召开的时间、地点和会期通知；大会中心议题；大会议程安排；大会要求等。

2. 大会相关材料

主要有：行政工作报告、集体合同草案或集体合同执行情况报告；工资协议草案；提案审议落实情况报告；民主评议管理人员情况报告；关于表彰优秀员工的通报；选举办法、选票等；大会决议、决定。

（六）准备会务工作

1. 划分代表团（组）

一般以车间、工段、科室工会为一个团，每团根据各自人数还可再划分若干小组，总的原则是便于讨论，利于活动。

2. 产生代表团（组）长

代表团团长由车间、工段、科室工会主席担任，各代表小组组长可由所在小组成员推荐产生。

3. 会议证件制作

为适应大会组织工作的需要，可制作分别标明主席团成员、职工代表、列席代表、特邀代表、工作人员等与会人员身份的证卡或佩条。

（七）大会组织领导

1. 大会主席团

职工代表大会主席团是负责职工代表大会期间的组织领导工作机构，在职代会预备会议上由全体职工代表选举产生。

2. 大会秘书长

秘书长是大会期间日常工作的组织者。其主要职责有：主持召开第一次主席团全体会议；处理主席团日常事务；在主席团领导下，负责处理大会期间的事务性工作；领导大会秘书处，签发会议各种文件。

秘书长由工会和联席会议在代表中提名，经代表讨论后，在大会预备会上表决通过。一般由工会副主席担任。根据工作需要，可设副秘书长1~2名，协助秘书长工作。

二、职工代表大会的召开流程

筹备工作完成后，进入正式召开职工代表大会阶段。职工代表大会正式会议是职工代表行使职权的关键。职工代表大会主席团要按照预备会议通过的议程，按照规定的民主程序，主持开好大会。

（一）召开预备会议

1. 预备会议内容

（1）选举大会主席团。

（2）报告大会筹备情况，提出议题和议程的建议。

（3）通过代表资格审查情况的报告。

（4）通过职代会的议题和议程。

（5）决定大会其他有关事项和处理各项应在职代会正式会议之前需要解决的事宜。

2. 预备会议程序

职代会的组织领导机构是大会主席团。由于召开预备会议时，大会主席团尚未产生，因此，预备会由工会主持。主持人通常是工会主席或拟担任大会秘书长的同志。预备会一般应有以下议程。

（1）清点到会人数。主持人向大会报告应参加大会和实际参加大会的人数。确认到会人数符合法定人数后，即可开会。

（2）报告职工代表大会筹备情况。

（3）审议通过代表资格审查报告。

（4）通过职工代表大会主席团名单和大会秘书长名单。

（5）通过职工代表大会议程和日程安排。

预备会在通过上述议程后可暂时休会，召开职工代表大会主席团第一次全体会议；通过各次全体会议执行主席名单；通过副秘书长名单。主席团第一次全体会议结束后，预备会复会，宣布主席团第一次全体会议通过的有关事项。

为了开好预备会议，应将大会的有关事项事先向代表通报。在预备会议上，应让代表充分发表意见，根据需要，也可安排职工代表在大会上发言，就如何开好职工代表大会统一思想。有些企事业单位提前召开预备会议，并把需要职工代表大会审议的企事业单位行政工作报告和其他议案发给代表，以便他们充分考虑和酝酿，也便于代表就某些问题进一步征求职工群众的意见，取得更好的效果。

（二）召开正式会议

开好职工代表大会是职工代表依法行使民主管理权力的重要保证。因此，大会主席团要严格按照预备会议通过的议程，依照规定的民主程序，认真主持好大会。

1. 开幕式

（1）清点到会代表人数，到会职工代表超过代表总数的2/3，即可宣布开会。

（2）宣布职工代表大会开幕，全体起立，唱《中华人民共和国国歌》。

（3）宣读党组织和上级工会的有关批复。

（4）致开幕词，简要介绍本次大会的目的、意义、中心议题和主要任务。

2. 大会主要内容

（1）企事业主要负责人作工作报告：主要内容应包括企事业单位生产经营管理情况、存在问题及改进措施；企事业有关发展规划、重大决策、经营状况和年度生产经营计划完成情况；职工养老保险金和失业保险金缴纳情况。

（2）集体合同和提案处理专题报告：由工会主席及职代会专门小组负责人对上年度集体合同履行情况的检查，本年度集体协商和集体合同有关条款修订的情况；上次职代会职工代表提案落实和处理的情况等向大会作出报告。

（3）行政有关负责人作专门议案报告：凡应提交职代会审查和审议的议题（如财务预决算报告、社会保障费用缴纳情况报告），均应由行政有关负责人向大会报告，说明制定的依据、目的和具体实施办法。也可针对职工代表对议案的意见作出说明。

（4）联席会议情况说明：工会主席就上一次职代会闭幕期间，职工代表团（组）长和专门小组负责人联席会议所决定的职代会职权范围内的问题，向大会作出说明，提请大会确认。

（5）代表团（组）讨论：各职工代表团（组）就以上报告、说明、议案等分组进行讨论；对大会的各项决议草案，需经大会选举的候选人进行酝酿；大会主席团成员分别参加本代表团（组）的讨论；职工代表的讨论发言，经整理归纳后，将讨论意见向大会主席团汇报。

（6）大会发言：由各代表团（组）长推荐代表，在大会陈述本团（组）讨论审议的意见和建议，也可让职工代表进行书面发言。

3. 大会选举

根据大会规定议程，进行有关人员的选举（撤换）。

（1）应由职代会选举产生的人员：职工董事、职工监事；集体协商、集体合同和工资集体协商的协商代表；职工代表大会专门小组人选。其他需要经职代会选举的人员。

（2）选举要求：在选举中应严格按程序进行，选举投票结束，代表不能离开会场，应等待计票结束，由大会宣布选举结果后才能离开；若第一次选举无效，应用预备选票重新选举，直至选举有效，并宣布结果后散会；选举应采取无记名投票并实行差额选举。

4. 讨论通过大会决议

召开主席团、代表团（组）长会议。听取各代表团（组）讨论情况，审议有关决议，起草研究大会总结。

职工代表大会在对行政工作报告和提交大会的各项议案认真审议后，应当做出相应的决议或决定，形成职工代表大会在其职权范围内依法做出的决议和决定。

职工代表大会形成决议的主要步骤如下：

（1）大会主席团根据职工代表大会对各项议题进行审议的情况起草决议草案；

（2）将决议草案提交职工代表团（组）讨论，提出意见；

（3）大会主席团根据各代表团（组）的讨论意见做进一步修改；

（4）在职工代表大会上宣读决议草案，并征求职工代表意见；

（5）大会对决议草案进行表决，形成决议。

企事业上级行政领导机关提出并经职工代表大会审议已作出决议的事项，应贯彻实施，一般不再作为下级单位职工代表大会审议的内容。如针对本单位的具体情况有新的补充规定，可以对这部分提交审议。

对职工代表大会在其职权范围内作出的决定进行修改、变更时，必须经职工代表大会同意。

（三）大会闭幕式

职工代表大会的主要议程完成之后，所举行的最后一次全体会议即闭幕式。主要议程如下。

1. 报告参加会议的代表人数。到会代表应超过应到会人数的2/3，可以举行会议。

2. 宣布大会议程。

3. 年度职代会：宣布新当选的职工董事、职工监事；集体协商、集体合同和工资集体协商的协商代表；职工代表大会专门小组人选；其他经职代会选举的人员。

4. 逐项表决需通过的有关决议和决定。

5. 表彰及奖励。

6. 领导讲话。

7. 致闭幕词。

8. 全体起立，奏《国际歌》。

9. 大会执行主席宣布大会闭幕。

10. 大会结束后，全体代表合影留念。

三、职工代表大会闭幕期间工作

职代会在闭幕期间的工作，即围绕贯彻落实大会决议而开展的日常民主管理活动，它是职工代表大会活动的继续和深入，是职工行使民主管理权力，落实职工代表大会各项决议的重要渠道，也是企事业单位工会和职工代表在职工代表大会闭会期间，进一步发挥作用的宽广领域。

（一）贯彻落实职代会大会决议

职代会的决议具有严肃性和权威性，一经大会通过即产生效力。职代会作出的决议企事业单位各方面应认真贯彻执行。贯彻落实职代会决议主要通过以下途径实现。

1. 职代会大会闭会后，企事业工会可以通过各部门工会、工作小组的活动，也可以利用宣传媒介，向职工群众宣传大会精神，解释职代会决议内容。

2. 工会协助企事业有关领导和部门，制订贯彻实施职代会决议的计划。

3. 工会可以通过开展各项活动，促进广大职工完成大会提出的各项任务。

4. 在职代会闭会期间，工会组织有关专门工作委员会（小组）成员或部分代表检查督促企事业有关部门贯彻落实决议的情况，发现问题及时加以解决。

5. 工会在下一次职工代表大会上向职工代表报告职代会决议贯彻落实情况。

（二）召开职代会临时会议

企事业单位遇有重要问题，召开职工代表大会条件又不具备时，根据1/3 以上职工代表的要求或者单位党政工领导研究提议，可以召开临时代表会议。临时代表会议是就解决某项重大问题而举行的全体会议。它与职工代表大会相比，具有会期短，议题单一，程序简单等特点。临时代表会议只能作为职代会的一种补充形式，不应替代职工代表大会。临时代表会议由企事业单位工会负责召集。会议的各项筹备工作也由工会在同级党组织领导下具体承担。

（三）建立联席会议制度

职工代表大会闭会期间，需要临时解决的重要问题，由工会组织召集职代会代表团（组）长和专门委员会（小组）负责人联席会议协商处理，并提请下一次职工代表大会确认。

1. 联席会议的职责

联席会议人员由职工代表团（组）长、企事业单位党政主要负责人、职代会专门小组负责人组成。其职责如下：

（1）根据职代会的授权，修改职代会原则通过的方案，协商处理职代会决议执行过程中出现的新情况、新问题；

（2）协商处理职代会职权范围内涉及单位局部范围或少数职工利益的临时性事项；

（3）听取各代表团（组）和专门委员会工作报告，听取集体合同检查、厂务公开责任落实、民主评议干部、提案征集情况的汇报，并提出处理意见和建议；

（4）讨论通过职代会的筹备方案和职工代表的撤换、替补、增补事项；

（5）审议、通过或决定职代会交办的其他事项。

2. 联席会议的召开程序

（1）工会根据议题，组织有关方面形成书面议案，发至相关成员。

（2）召集联席会议审议讨论。

（3）根据表决结果，形成处理意见。

（4）向下次职代会报告，并予以确认。

3. 联席会议不得代行职代会的法定职权

职代会对其职权范围内的事项具有最终审定权。联席会议做出的决定需经下一届职代会确认并报告执行情况。联席会议原则上每季召开一次，由基层工会主席召集并主持。

（四）建立职工代表巡视制度

职工代表巡视，是职工代表大会闭会期间职工民主参与、民主管理、民主监督的重要形式，是职工代表大会工作的继续和延伸，是健全以职工代表大会为基本形式的企事业单位民主管理制度、保证职工代表行使权利、落实职工代表大会决议的有效举措。

1. 职工代表巡视在党委的统一领导下进行

由工会负责组织、协调和实施。工会根据巡视内容，抽调部分职工代表，也可吸收行政业务主管部门等有关人员组成巡视组，对同级及所属单位进行巡视。巡视组成员由工会提名，党委批准。

2. 职工代表巡视的内容

原则上，凡职工代表大会决定或通过的事项以及涉及职工合法权益和切身利益等问题，都属于职工代表巡视的内容。一般应包括以下内容：

（1）职工代表大会决定或通过的事项落实情况；

（2）职工代表提案的办理情况；

（3）集体合同条款的履行情况；

（4）厂务公开制度的执行情况；

（5）安全生产、劳动保护、工作时间、休息休假及劳动报酬等涉及职工切身利益的事项；

（6）职工群众及有关方面反映的带有共性的问题；

（7）其他需要巡视的内容。

3. 职工代表巡视的形式

职工代表巡视采取综合巡视和专题巡视两种形式。综合巡视在职工代表大会召开后进行，每年至少组织一次；专题巡视主要针对涉及企业生产经营、职工权益等某一问题随时进行，巡视次数由各单位自行规定。综合巡视内容要全面、覆盖面要广；专题巡视要深入细致、有针对性。

4. 制订巡视方案

工会要根据本单位特点和工作实际研究制订巡视方案，明确巡视范围、内容、时间和形式，并提前通知被巡视单位。被巡视单位要认真做好迎检准备，积极自查整改，并按巡视内容和要求准备有关台账资料。巡视前要对巡视组成员进行相关培训，熟悉和掌握政策，统一思想，明确标准，确保巡视工作质量。

总之，职工代表巡视工作结束后，由工会组织召开巡视组专门会议，对巡视情况进行认真分析和研究，归纳整理并形成书面材料，通过一定的形式向职工群众公开。对问题的处理结果要及时反馈给被巡视单位。

（五）建立民主议事会议制度

职工民主议事会议制度，是职工依法行使民主管理、民主监督权力的一种有效形式，有利于企事业单位建立内部监督和约束机制，有利于企事业单位民主政治建设，有利于企事业单位廉政建设，推动企事业单位各项工作的改革与发展。

职工民主议事体现公开、公平、公正的原则，其工作对职代会负责。职工民主议事工作在企事业单位党委统一领导下进行，具体工作由企事业单位工会委员会承担。

1. 民主议事会议成员构成

民主议事代表由职工代表团（组）长、部分职工代表、企事业单位领导、有关科室和有关人员组成，其中职工代表（含职代会代表组长）不少于60%。

民主议事代表由各代表组根据分配名额推荐，任期一年，实行轮换制。

企事业领导班子成员为常任议事会代表。

民主议事代表在任期内出现不胜任、不能继续行使代表权利和义务时，由原推荐小组更换。民主议事代表在议事会上有提案权、咨询权、发表意见权和表决权。民主议事代表有参加会议，收集、整理、反馈职工群众意见要求，宣传、贯彻、执行议事会议决定的义务。

2. 民主议事的范围和内容

第一，企事业单位重大决策及执行情况。

（1）企事业发展规划。

（2）企事业财务、决算报告，审计报告。

（3）企事业改革方案及其执行情况。

（4）企事业年度工作计划总结。

第二，企事业内部管理的重大问题。

（1）各种设备的采购渠道、价格、标准等。

（2）基建（维修）项目招标、重要合同的审查、签字程序及履行情况。

（3）大额度资金的使用。

（4）企事业房屋场地租赁承包等。

第三，涉及职工切身利益和群众关注的热点问题。

（1）职工转岗、下岗、人事调动。

（2）职称评定、晋职晋级、转正定级。

（3）工资调整及奖金分配。

（4）业务考核、评先评优、出国、进修。

（5）医疗、保险、劳动争议处理。

（6）职工福利分配。

第四，领导班子廉洁自律情况。

（1）干部住房分配、工资晋级、奖金发放。

（2）领导干部用车、通信工具使用。

（3）公款出国（境）、国内考察及群众普遍关注的事项。

（4）领导干部述职及民主评议情况。

（5）纠正不正之风及查处情况。

3. 民主议事会的召集和表决

（1）民主议事会不定期召开，由工会负责召集。

（2）民主议事会到会的正式代表必须达到 2/3 以上人数，方可进行表决。投赞成票人数超过全体民主议事代表总数 1/2 者视为通过。对表决结果除党政班子联席会议认为有必要，并于七日内提交职代会全体会议重新作出决定外，任何组织和个人无权改变结果。

（3）因不可抗拒的原因造成表决结果无法履行时，由具体责任部门在十五日内向民主议事工作机构提出书面申请及情况说明，提请民主议事会审议。

（4）民主议事会通过的方案，由会务组以书面形式送达执行部门负责落实，同时拟报主管领导以利检查督办。对需追究责任给予纪律处分的，由有关执行部门处理。

（5）对在规定期限内拒不执行议事会议表决结果的责任部门和责任人，要进行批评或由主管领导负责给予严肃处理。

根据民主议事内容需要，议事会可临时邀请有关人员列席会议，列席人员有发言权，无表决权。

（六）代表团（组）长和专门工作委员会（小组）开展日常活动

在职代会闭会期间，组织各代表团（组）长和各专门工作委员会（小组）开展活动是企事业单位工会委员会作为工作机构的主要任务。代表团（组）长和各专门工作委员会（小组）开展的日常活动主要有：

1. 参加职代会代表团（组）长联席会议，讨论和决定有关民主管理问题；

2. 各专门工作委员会在各自职责范围内，参与企事业单位相应职能部门民主管理工作；

3. 各代表团（组）长参加所在部门党政有关会议和涉及职工切身利益的有关工作；

4. 代表团（组）长和各专门工作委员会成员定期或不定期参加与企事业单位领导座谈，通报或协商有关工作；

5. 组织本部门职工代表或者本工作机构成员开展日常民主管理活动。

（七）职工代表大会档案资料管理

1. 建档、存档范围

有关职工代表大会的上报文件、批复；职工代表、主席团成员、执委会、专门委员会（小组）成员名单；职工代表大会有关文件、讲话、报告、决议、决定、总结及音像资料等；提案表及处理结果记录；代表团（组）长联席会议及专门工作小组重要活动记录等。

2. 档案管理工作

档案资料应由工会负责并按档案管理规定归档管理。

第四节　职代会提案的征集与处理

一、职代会提案的程序

职工代表大会的提案，是职工代表在征集职工意见和经过调查、研究基础上，提请职工代表大会讨论和确定，并转交相关部门处理答复的意见和建议。提案可以由个人提出，也可以由几个人或以单位名义提出。职代会提案是企事业单位动员广大职工群众发现自身问题的"听诊器"。职代会提案提出和办理的过程，实际是职工与企事业单位管理者之间，就某一具体问题进行专项协商的过程。这个过程使得职工群众的意见和建议得到表达和答复，为企事业单位管理者和职工群众搭建了沟通交流的桥梁。可以说，职工代表提案是职工代表参与企事业单位重大决策和经营管理的重要渠道。坚持职代会制度，落实职代会职权，提高职代会质量，必须重视和加强职代会的提案工作。

职代会的提案工作是一项严肃、复杂、细致的工作，此项工作做得如何，将影响企业与职工的关系，影响职工积极性的发挥。为此，工会组织必须掌握职代会提案的具体实施步骤。

（一）提案的征集

首先，在作出召开职工代表大会的决定后，工会或提案委员会即可发出征集提案的通知，向职工代表发放提案表；其次，做好宣传与发动工作，在职工代表大会召开前深入宣传本次职工代表大会的中心议题，发动职工发扬主人翁精神，关心本单位的生存和后续发展，充分酝酿并提出提案，使提案内容较为集中；再次，为职工提出提案创造必要条件；最后，职工代表在听取和收集职工群众意见、进行调查研究的基础上，填写提案表。为了提高提案的质量，体现所提问题是职工普遍关心的问题，提案需要有其他职工代表附议，附议者2~5人不等。最后，各代表团（组）收集本团（组）职工代表提出的提案，进行初步审理。

（二）提案的初审

由各代表团（组）对提案进行初审，审定提案内容是否有立案价值，是否符合国家与政府的有关政策。经初审，将不符合要求的作为一般性意见处理，认为合格的上报工会或提案委员会。

（三）提案的整理

提案委员会对收集的提案进行归纳、分类、统计、登记。各代表团（组）内容相同或相近的提案，可归并为一个提案，便于集中处理。经审查，符合条件即可立案，不够立案条件的应退给提案人并予以说明。

哪些提案属于不合格提案？

一是明显不符合提案条件的，比如没有附议人、提案人和附议人非职工代表者、非职工代表亲自签名者等；二是不属于本单位和本届职代会职权范围内的问题；三是没有经过充分的调查、考证，案不符实的提案；四是不符合国家和政府的方针、政策、法律、法规的提案；五是不符合技术规范、缺乏可操作性的提案；六是涉及职工对自身或他人个别的具体问题；七是前段时间领导或职能部门已经明确答复待办的事宜。

（四）提案的审查立项

工会或提案委员会对已立案的提案，认真整理后，分类登记编号。

属于行政部门处理的提案，则由工会转交行政领导，经签字后分别送交有关职能部门负责处理、实施。因条件不能落实的提案，主管领导也应有所指示，向提案人说明情况。分送给相关部门处理的提案，应有严格和明确的处理期限。

为了把提案工作做得更好、更细致，工会可在已经立案送交行政职能部门处理的提案表上，附上相关说明书。说明书可以这样表达："××处、室负责人：经本届职工代表大会提案委员会审定、主管领导批准，编号为××的提案送交您处处理，请你处认真审阅，并请在××××年××月××日前提出处理意见，上报工会。"

（五）提案的处理

提案的处理情况要在下一次职工代表大会上由提案委员会负责人报告处理结果。在一般情况下，提案处理完毕后，可在提案处理专栏予以公布，包括提案人、提案案由、处理结果、处理时间等，也可以通过与提案人见面或以局部通知的形式，公布处理结果。提案人对处理结果可在"提案人意见"栏填写对提案处理的意见，并可要求有关人员采取进一步措施，力求圆满处理解决。

二、职代会提案工作要注意的问题

随着职代会制度的不断完善，对职代会提案工作的要求也会越来越高，为了适应新的形势，提案工作必须与时俱进，开拓创新。抓好职代会提案工作，必须充分认识职代会提案工作的重要意义，应在以下方面进行创新，即创新提案思路、创新办案方式、创新办案机制。

（一）创新提案思路

创新提案思路就是要不断地强化提案精品意识。提案代表要围绕企事业单位中心工作进行提案，力求做到提案件件有根据、有内容、有分析、有建议、有措施，才能使提案具有较强的针对性、可能性、实效性，才能受到领导和承办部门的重视和支持。要做到这一点，必须从三个方面抓起。第一，选好职工代表，提高职工代表素质，从源头上为提高提案质量创造条件，要把那些政治素质高、文化素养高、乐于奉献的职工选为代表，选出的代表既要体现职工的主体性，又要具有代表的合理性，同时还要具有政治上的先进性和职称职务上的高层次性，以提高代表的整体素质和参政议政能力。第二，抓好职工代表的培训工作。每届职工代表产生后，均要对代表进行岗前培训，培训内容包括职代会的基本常识，怎样当好代表，怎样正确行使代表权利以及怎样议定提案等，以提高代表的整体素质和提案的质量。第三，要采用一定的激励机制，调动代表参政议政的积极性。比如：评选优秀提案，在一定范围内对代表提案内容进行公示等，促进提案质量的逐步提高。

（二）创新办案方式

创新办案方式就是要坚持以人为本的科学发展观进行办案。要充分尊重职代会代表和职工民主参与和民主管理的权利，诚心诚意地接受他们的意见和建议，创造民主、信任、和谐的人文环境，形成良好的办案氛围，改变那种"你提我答""你来我往"的办案方式，要通过咨询、开座谈会、听证会、直接和代表对话等方式，使提案的办理由封闭走向公开，由背靠背走向面对面，进一步提高办案质量和办案效率，使职工代表的权利得到落实，地位进一步夯实。从而调动广大职工的积极性，激发职工的智慧和创造力，最大限度地发挥他们的主观能动性。

（三）创新办案机制

创新办案机制就是要制定制度，进一步健全和完善办案工作机制，按照规定的程序办案。对提案工作落实比较好的单位，要注意及时总结推广他们好的办案经验。逐步建立职代会提案工作的激励机制，使提案工作更加规范化、制度化、程序化，更加富有成效。

职工代表大会提案工作是职代会履行其民主管理和民主监督职能的一项重要工作，是广大职工关心本单位建设和发展的具体表现，是进一步促进内部管理体制改革和决策民主化、科学化的重要渠道，也是充分调动职工积极性，激发职工主人翁责任感，群策群力搞好单位建设的重要途径。因此，工会组织和行政领导都要对这一项工作给予高度重视。具体地讲要把握好以下环节。

1. 相关部门要重视提案的答复处理工作，把该项工作列入本部门的议事日程。

2. 要理解职工代表和职工群众对提案的殷切期望，给提案人一个负责任的答复。

3. 答复提案时用词要准确，比如采用"已列入计划""××月实施"等；要做到每案必答，不能简单了事，避免使用含义比较笼统的用词，比如"见××号提案""去年已答复过""同意领导意见""如领导所述""按领导指示办"等，应该在行政主管领导的批示下，予以进一步说明和具体解答。

4. 效率至上，凡有条件解决的就要及时解决落实，不能拖延。

总之，职代会提案工作是职代会行使企事业单位民主管理和民主监督权力的一种重要形式，是广大员工关心企事业单位建设和发展的具体体现，是促进管理体制改革和决策民主化、科学化的主要渠道，是职工代表反映员工意见和建议、行使民主权利的一项重要内容，是广泛调动员工积极性和创造性、激发职工主人翁责任感，群策群力建设好企事业单位的重要途径。

三、职工代表如何做好提案工作

职工代表在职代会期间向企事业单位提出代表提案，是参与民主决策、民主管理、民主监督的一种重要形式，也是法律赋予职工的民主权利。提案质量的高低，在一定程度上影响着职代会的质量。

（一）加强对职工代表的培训

可以请先进职工代表介绍经验、进行好差提案对比、请相关人士授课答疑等，提高职工代表对提案质量的重视。

（二）拓宽知情渠道

通过组织职工代表会前调查、走访座谈、通报情况等形式，使代表更多地知情知政，使提案更有针对性。

（三）规范提案工作程序

要建立健全职工代表提案提出和办理的工作制度，规范提案的提出、审查、立案、承办、答复、督办、落实、总结的全程序，使提案的各个环节都有章可循，保证提案质量。

（四）创新"联提"招法

要整合职工代表资源，坚持个人为主、自愿联合的做法，使意见相近的职工代表依靠集体的力量提出一些重要的提案。

（五）严格审查把关

提案审查委员会要对书写不规范、内容不属实、非本单位所能办等经审查不符合规定要求的提案，派员主动与职工代表沟通，确保提案的质量。

（六）建立激励机制

试行每年评选优秀提案的活动，并给予一定的物质奖励，以激发职工代表的积极性。

参考文本 1

职工代表大会操作指引

一、建章立制

（一）建立制度

企业应当按照合法、有序、公开、公正的原则，建立以职工代表大会为基本形式的民主管理制度，实行厂务公开，推行民主管理。

企业行政管理方与企业工会委员会应根据法律法规政策的规定，结合实际，制定职工代表大会的实施办法（细则），明确其组织制度、职权内容和工作制度等，提交职工代表大会审议通过，并将其纳入本单位管理制度体系，同时报同级党组织，并报上一级工会备案。

（二）确定组织形式

职工大会和职工代表大会是职工代表大会制度的两种形式，二者在性质、任务、职权等方面没有区别，职工代表大会在具体工作制度方面增加了职工代表大会代表的选举、罢免等内容。

企业行政管理方与企业工会委员会可以根据企业的职工人数，实际需要和客观条件协商选择召开职工大会或职工代表大会。根据规定，企业职工人数在 50 人以下的，应当召开职工大会。

（三）确定职工代表大会届期

职工代表大会每届任期为三年至五年，具体任期由职工代表大会根据本单位实际情况确定。职工代表大会应当按期换届，遇到需要提前或延期换届的情况，应当经企业行政管理方与企业工会委员会协商一致，并将提前或延期换届理由向上一级工会书面报告，同时将具体情况通过公开渠道让全体职工知晓。

（四）开展筹备工作

企业首次召开职工代表大会或换届前，应当成立由企业党组织、企业行政管理方、企业工会委员会等方面人员组成的筹备机构。筹备机构主要任务是：起草本单位职工代表大会实施办法（细则）；组织选举职工代表；起草职工代表大会筹备工作情况报告；研究确定本次职工代表大会主要议题和议程；听取职工的意见和建议；等等。非首次召开职工代表大会或换届，由企业工会委员会牵头完成各项大会筹备工作。

二、会前筹备

（一）组织选举职工代表

1. 确定职工代表人数。企业工会委员会按照不少于全体职工人数的

5% 的比例确定职工代表人数，同时确保职工代表的人数不少于 30 人；如果按此比例计算出的职工代表人数超过 100 人，超出部分的代表人数可以由企业行政管理方与企业工会委员会协商确定。

职工代表在一届任期内实行常任制，职工代表大会换届时，职工代表经过民主选举可以连选连任，不受任期次数的限制。

2. 确定职工代表构成和比例。职工代表大会的代表要具有广泛性、代表性，其中，企业中层以上管理人员和领导人员一般不得超过职工代表总人数的 20%。所属单位多、分布广的企业集团，中层以上管理人员和领导人员一般不超过代表总数的 35%。促进女职工代表比例与企业女职工比例相适应，有被派遣劳动者的企业，职工代表中应有被派遣劳动者代表。

3. 确定选区分配名额。职工代表应以分公司（厂）、部门、班组、车间、科室等为基本选举单位，企业工会委员会综合考虑职工代表人数总额、各选区职工人数、职工代表构成和比例要求等，确定各选区的职工代表名额。

4. 开展选举工作。企业工会委员会组织开展选举工作，企业行政管理方应予以支持配合。选举、罢免职工代表，应当召开选举单位全体职工会议，会议应有 2/3 以上职工参加。选举、罢免职工代表的决定，应经全体职工的过半数通过方为有效。

参加集团职工代表大会的职工代表可以在企业集团总部和各所属基层单位职工代表大会的职工代表中选举产生，也可以在企业集团全体职工中直接选举产生。

选区一般应当场公布选举结果，企业工会委员会及时汇总选举结果，提交职工代表资格审查委员会（小组）审查，审查无误后，及时将职工代表名单通过厂务公开栏等形式向全体职工公布。

5. 职工代表的罢免、补选。职工代表因岗位变动、离职退休、解除或终止劳动合同等原因无法履行代表职责，代表资格自行终止。对无故不履行代表职责，或严重失职失去选区职工信任、严重违反本单位规章制度或因违法犯罪受到刑事处罚等原因难以胜任职工代表的，应当予以罢免。

企业工会委员会应及时掌握职工代表动态信息，发现需要罢免的情况，及时调查核实，并组织原选区履行罢免程序，一般为：

（1）组织原选区对需要被罢免的职工代表的情况进行讨论，视情况需要，被罢免的职工代表可参加会议并进行申辩；

（2）经原选区全体职工半数以上同意，可以作出罢免决定；

（3）原选区将罢免职工代表的决定报告企业工会委员会。

职工代表因罢免、岗位变动、离职退休、解除或终止劳动合同等原因出现缺额时，企业工会委员会依照规定的民主程序，组织原选区，按原比例结构补选职工代表，补选的民主程序与选举的民主程序相同。

6. 成立职工代表资格审查委员会（小组）。职工代表资格审查委员会（小组）成员一般由工会、干部管理部门或人力资源部门、纪委监察等相关部门人员组成。

审查的主要事项包括：

（1）职工代表结构比例是否符合相应规定；

（2）职工代表是否具备当选资格和条件；

（3）职工代表的产生是否履行规范民主程序；

（4）选举时是否存在作弊、贿选等不正当行为等。

7. 确认职工代表资格。与企业建立劳动关系的职工及被派遣劳动者，有选举和被选举为职工代表大会代表的权利。

8. 组成代表团（组）并选出代表团（组）长。企业工会委员会根据企业职工人数、分布情况和实际需要来确定是否组成职工代表团（组）并选举代表团（组）长。如有需要，则将职工代表按照所属基层选举单位组成代表团（组）并推举团（组）长。

9. 邀请列席代表。企业工会委员会可以根据实际情况和职工代表大会会议内容的需要，邀请一些未当选职工代表的企业领导人员、有关部门负责人和相关人员等参会。列席代表可以在职工代表大会或代表团（组）会议发言，提出意见建议，但没有选举权和表决权。

（二）设立职工代表大会专门机构

企业工会委员会主要根据企业职工人数、分布情况和实际需要来确定是否设立职工代表大会专门机构，即专门委员会（小组）。如有需要，可结合职工代表大会的职权内容和实际需要设立职工代表大会专门机构，负责办理职工代表大会交办的事项。

一般可以设立职工代表提案、集体合同、劳动法律监督、劳动保护、薪酬福利、评议监督等常设的专门委员会（小组）。规模较小的企业可以设立一个综合性的民主管理专门委员会（小组）。企业还可以根据工作需要，设立一些临时性的专门委员会（小组），待承担的特定工作结束后予以撤销。

专门委员会（小组）负责人一般在职工代表中提名，成员可以聘请熟悉相关业务的非职工代表，但必须经职工代表大会审议通过。实践中，企业的相关职能部门负责人不担任对口专门委员会（小组）的负责人，以确保专门委员会（小组）的监督作用落到实处。

一般设立专门委员会（小组）的流程包括：

（1）企业工会委员会拟订组建专门委员会（小组）及确定其组成人员的具体方案；

（2）由职工代表团（组）提出具体候选人（名单）；

（3）经职工代表大会主席团审议后，正式提出各专门委员会（小组）候选人名单，提请职工代表大会审议通过。

（三）征集职工代表提案，确定职工代表大会议题

1. 职工代表提案的征集和处理。企业工会委员会发出征集职工代表提案的通知，职工代表在征集选区职工意见，充分调研的基础上提出提案。提案专门委员会（小组）对提案进行审核、筛选、分类、整理、合并、汇总，予以立案的提案提交企业行政管理方讨论审批，确定相关承办和协办部门，由相关承办和协办部门进行处理和书面答复提案人；已经落实或暂

时解决不了的提案，由相关职能部门书面答复提案人；不符合条件的提案退还提案人并进行解释说明。提案专门委员会（小组）汇总提案审理及落实情况，向职工代表大会报告，并对提案落实情况进行整理、登记和归档。

2. 确定职工代表大会议题。一般程序如下。

（1）通知征集。企业工会委员会通过各种途径广泛征求、充分听取职工群众的意见和建议。

（2）提出草案。企业工会委员会依据职工代表大会职权，与企业行政管理方协商，初步形成议题和议案的草案。

（3）形成正式意见。企业工会委员会将议题和议案的草案补充修改后形成正式意见，书面报同级党组织同意。

（4）提前送达职工代表，征集意见建议。职工代表大会议题和议案应当在会议召开七日前以书面形式送达职工代表。职工代表在收到材料后，应及时征求所在选区职工的意见和建议，在审议讨论过程中将这些意见和建议反映出来，认真参与团（组）讨论。企业工会委员会要做好职工代表讨论审议意见的收集、整理并反馈相关职能部门。对分歧较大的事项，企业行政管理方和企业工会委员会应当根据职工代表意见进行协商修改后，交由职工代表重新组织讨论。

（5）职工代表大会预备会议审议通过。由企业工会委员会向职工代表大会预备会议提出议题和议案建议稿，经预备会议审议通过后作为职工代表大会正式议题和议案。

（四）确定大会议程

根据职工代表大会讨论的事项和对该事项行使的职权设置职工代表大会的议程。一般包括：

（1）会议主持人报告职工代表出席情况（含应到人数、实到人数），确定会议召开的合法性；

（2）听取需要职工代表大会审议、审查事项的报告；

（3）组织职工代表充分讨论和审议；

（4）召开主席团会议；

（5）组织职工代表对需要职工代表大会审议通过的事项进行投票表决；

（6）组织职工代表对有关人员进行民主选举；

（7）组织职工代表对有关人员进行民主评议；

（8）形成决议，大会总结。

（五）向同级党组织、上一级工会报告

企业召开职工代表大会前，须由职工代表大会筹备机构或企业工会委员会就会议筹备情况向同级党组织报告，并向上一级工会报备。

三、会前审议

（一）预备会议

1. 预备会议职责。职工代表大会预备会议一般由企业工会委员会主持召开，全体职工代表参加，对召开本次职工代表大会需要确认的事项履行民主程序，确保正式会议合法、有效。

具体职责主要包括：

（1）选举产生大会主席团；

（2）听取本届（次）职工代表大会的筹备情况汇报，提出大会议题和议程的建议；

（3）通过职工代表资格审查委员会（小组）作的职工代表资格审查情况的报告；

（4）通过本届（次）职工代表大会的议题和议程；

（5）决定大会其他准备事项。

2. 设立主席团。职工代表大会根据实际情况确定是否设立主席团。规模较大、管理层级较多、职工人数较多的企业召开职工代表大会可以选举大会主席团主持会议。

主席团成员产生的程序如下。

（1）企业工会委员会与职工代表大会的各代表团（组）协商，提出主席团成员候选人名单，其中，工人、技术人员、普通管理人员不少于50%。

（2）职工代表大会预备会议审议主席团成员候选人名单，表决通过后主席团正式成立。没有设立职工代表大会主席团的，应当由企业工会委员会与企业行政管理方协商，在职工代表中推举职工代表大会的会议主持人，负责主持会议，一般由企业工会主要负责人担任。

（二）主席团会议

主席团会议表决通过大会日程和议程、大会执行主席等。

四、正式会议

（一）宣布开会

大会执行主席或者主持人核实出席大会的职工代表人数。到会职工代表必须超过全体职工代表总数的2/3，会议方为有效。

宣布开会后，主持人应简要讲明本次大会的中心议题和主要任务，宣布大会议程。

（二）向职工代表大会作各项报告

1. 企业主要负责人作企业工作报告。工作报告已经在会前发给职工代表进行充分讨论的，可针对职工代表提出的意见作出说明。

2. 行政有关负责人作专题议案情况报告，就提交职工代表大会审查或审议的专题议案，说明专题议案制定的依据、目的和具体实施办法；针对职工代表提出的意见作出具体说明。

审议建议的议案可包括：企业改革改制方案、发展规划、年度生产经营管理情况，企业用工、劳动合同和集体合同签订履行情况，企业安全生产情况，企业缴纳社会保险费和住房公积金情况，企业制定、修改或者决定有关劳动报酬、工作时间、休息休假、劳动安全卫生、保险福利、职工培训、劳动纪律以及劳动定额管理等直接涉及职工切身利益的规章制度或者重大事项情况等的报告或方案。审议并提出意见和建议。

审议通过的议案可包括：集体合同草案，按照国家有关规定提取职工福利基金使用方案、住房公积金和社会保险费缴纳比例和时间的调整方案，劳动模范推荐人选等重大事项。审议并进行表决，形成同意或不同意的决议。国有及其控股企业中职工的裁减、分流和安置方案也应当经职工代表大会审议通过。

地方法规有相关规定，从其规定。

3. 企业工会主席、职工代表大会专门委员会（小组）负责人就上届（次）职工代表大会决议落实情况、职工代表提案处理情况、集体合同执行情况等作报告。

4. 企业工会主席就职工代表大会闭会期间，职工代表团（组）长和专门委员会（小组）负责人联席会议处理的重大事项向大会作出说明，提请大会确认。

5. 其他相关草案或情况说明。

（三）民主评议

民主评议一般程序为：

1. 被评议人员在职工代表大会上作述职述廉报告，接受职工代表质询；

2. 组织职工代表进行无记名测评；

3. 汇总测评结果和评议意见；

4. 向职工代表和被评议人员反馈测评结果；

5. 按照干部管理权限将民主测评结果报送人事主管部门。

民主评议对象包括：职工董事、职工监事，国有、集体及其控股企业领导班子成员，法律法规规定或企业行政管理方与企业工会委员会协商确定应当接受职工代表大会民主评议的其他人员。

国有、集体及其控股企业可根据实际情况，制定切实可行的实施方案或办法，与干部人事制度、企业领导班子考核紧密结合，用好民主评议结果，将其按一定权重纳入干部考核体系。

（四）分组讨论并发言

以职工代表团（组）为单位，就以上报告、议案、草案进行分组讨论，同时对大会的各项决议草案和需要经过大会选举的候选人进行酝酿。大会主席团成员分别参加本代表团（组）的讨论。

各代表团（组）应指定专人认真记录职工代表的讨论发言，整理归纳后将讨论意见向主席团汇报。

（五）主席团会议

职工代表大会主席团会议听取各代表团（组）讨论情况，研究需要审议决定的相关事项，草拟大会决议。

（六）选举和表决

1. 选举。职工代表大会依据职权，选举或者罢免职工董事、职工监事，选举依法进入破产程序企业的债权人会议和债权人委员会中的职工代表，根据授权推荐或者选举企业经营管理人员。

2. 表决。一般包括：

（1）职工代表根据大会主席团的提名，表决通过职工代表大会专门委员会（小组）的人选；

（2）表决通过其他需要经过职工代表大会选举的人员；

（3）表决大会决议、决定和有关议案的草案。

选举、表决需要最大限度保证职工代表真实意愿的表达。对于程序性的问题，可采用举手表决或鼓掌通过等方式；对涉及职工切身利益的重大事项必须采用无记名投票的方式分项表决。其中要注意：一是表决事项须获得全体职工代表过半数赞成方为通过；二是如果对多个事项进行表决，应当分项表决，以确保职工代表对每一事项都能准确行使民主权力。

（七）致闭幕词，宣布大会结束

大会执行主席或者主持人宣布大会结束。

五、会后工作

（一）公示审议通过事项和决议

企业工会委员会应当在闭会后将审议通过的事项和决议向全体职工公布。

注意：公布的范围应覆盖全体职工；公布的时间要有时效性，一般要求在闭会后七日内公布；公布形式可以多样，保证信息的完整和真实。

（二）报告同级党组织、上一级工会

闭会后七日内，企业工会委员会将会议有关情况向同级党组织、上一级工会报告。

（三）职工代表大会质量评估

企业工会委员会设计职工代表大会工作质量评估表，在职工代表大会结束后，组织职工代表填写，汇总数据；召开职工代表座谈会，了解掌握情况；召开党政工专题会议，研究提出整改意见和措施；向下一次职工代表大会报告测评结果及实施整改措施情况，接受职工代表审议，并将有关档案整理归档。

（四）整理归档会议材料

企业工会委员会应及时梳理、妥善保存会议筹备和召开的相关材料，包括职工代表选举的相关文件，企业主要负责人、工会主席等所作的会议报告，职工代表讨论和发言的记录，选举和表决的程序文件等。

（五）临时职工代表大会

职工代表大会每年至少召开一次，闭会期间，有职工代表大会职权范畴内的重大事项，企业行政管理方、企业工会委员会或1/3以上职工代表联名提议，可召开职工代表大会临时会议。临时会议具体时间和议题由双方协商确定，程序等要求与正常召开职工代表大会的规定一致。

（六）职工代表团（组）长和专门委员会（小组）负责人联席会议

职工代表大会闭会期间，有需要临时解决涉及企业改革发展、职工切身利益的重要问题时，可由企业工会委员会组织召集职工代表团（组）长和专门委员会（小组）负责人联席会议协商处理。联席会议可由职工代表团（组）长、专门委员会（小组）负责人、主席团成员、企业工会委员会委员参加。根据会议内容，还可以邀请党组织领导、相关经营管理人员、有关职能部门负责人等参加，便于联席会议更加妥当并顺利地对相关事项进行协商处理。协商讨论解决属于职工代表大会职权范围内的事项必须由职工代表大会授权，联席会议对有关事项的处理结果应当提请下一次职工代表大会确认。

（七）职工代表巡视检查

企业工会委员会可建立职工代表巡视检查制度，充分发挥职工代表在职工代表大会闭会期间的参政议政作用，保证职工代表大会决议、决定的落实。根据企业实际情况，定期组织职工代表对职工代表大会决议、决定贯彻落实情况，提案办理情况，企业安全生产、经营管理及为群众办实事情况，集体合同履行情况，职工群众关心的其他热点问题等进行巡视检查。职工代表就检查中发现的问题，及时提出意见建议，督促被检查单位或部门整改，跟踪整改情况。企业工会委员会汇总巡视检查情况，形成年度巡视检查总结报告报企业行政管理方，并在下一次职工代表大会民主管理工作报告中提报，接受职工代表审议监督。

参考文本 2

××有限公司×届×次职工代表大会操作手册

会议概况

一、会议名称

××有限公司×届×次职工代表大会

二、会议时间、地点

2 月 19 日下午职代会预备会（拟定）

2 月 20 日上午职代会第一次正式会议（拟定）

2 月 20 日下午职代会第二次正式会议（拟定）

地点：××宾馆多功能厅（拟定）

三、参会人员

预备会：全体职工代表

正式会议：全体职工代表、列席代表

四、会议议程及日程安排

2 月 19 日（拟定）

下午 2:30—3:40 职代会预备会

主持：×××

1. 公司领导传达总公司精神

2. 作提案审查报告

3. 审议《××有限公司×届×次职工代表大会更换和补选代表资格审查报告》

4. 审议《××有限公司×届×次职工代表大会主席团调整建议名单》

5. 审议《××有限公司×届×次职工代表大会会议议程（草案）》

6. 审议《××有限公司×届×次职工代表大会预备会决议》

7. 全体职工代表合影留念（楼东门口）

2 月 20 日（拟定）

上午 8:10—9:40 职代会第一次正式会议

主持：×××

宣布大会开始

1. 董事长、总经理作 2022 年总经理工作报告

2. 财务副总、总会计师作 2022 年财务工作报告

9:40—12:00 分组讨论

14:10—14:50 分组讨论

15:00—15:50 各组组长向大会主席团汇报讨论情况

主持人：×××

地点：公司七楼会议室

16:00—17:50 职代会第二次正式会议

主持：×××

1. 表彰先进—颁奖—合影留念

2. 通过大会决议

（1）总经理工作报告决议

（2）财务报告决议

3. 签订 2023 年责任书

4. 优秀职工代表宣读《职代会倡议书》

5. 总结讲话

18：10—20：00 晚宴

地点：宾馆餐厅

会议组织机构（拟定）

会议筹备领导小组

组长：×××

副组长：×××

秘书组

主要职责：文件起草、会务指南及选举准备工作

会务组

主要职责：文件装订，会务协调、邀请领导及接待，会议组织、会场布置、会议报到等

宣传组

主要职责：会议宣传报道、音像资料收集等

综合业绩考评责任书签订组

主要职责：综合业绩考评责任书签字仪式的组织实施

大会联络员及颁奖礼组

主要职责：会议签到、文件发放、颁奖及签字礼仪，代表组讨论安排

提案组

主要职责：征集和整理有关提案

会议文件材料准备（拟定）

一、责任归口

会议材料编制工作的总体协调由会议筹备领导小组负责，所有会议材

料由责任部门和个人负责定稿，并报经主管领导签字后，报送秘书组。

二、分工安排

（一）×届×次职代会预备会文件

1. 关于××公司×届×次职代会更换和补选代表资格审查报告

2. ××公司×届×次职代会主席团调整建议名单等

3. ××公司×届×次职代会会议议程（草案）

4. ××公司×届×次职工代表大会预备会决议草案

5. ××公司×届×次职代会提案办理与××公司×届×次提案征集情况

（二）××公司×届×次职代会正式会文件

1. 行政工作报告及决议草案

2. 财务工作报告及决议草案

3. ××公司×届×次职代会决议草案

4. 倡议书

5. 大会总结讲话。

（三）其他会议材料

1. 会议及提案征集通知

2. 预备会主持词、职代会主持词

3. 晚宴致辞

4. 业绩考核责任书

5. 大会表彰决定

6. 会议指南、会议证件及会议资料

7. 会议座次表

8. 提案征集表

备注：文件名称以筹备组审议后为准。

三、会议材料的装订和印发

1. 会议材料的印制、装订、分发的总负责人为××。

2. 2月14日至2月15日为资料的印制、装订时间。确保所有会议材料于 2 月 15 日 18 点前准备就绪。

（一）具体工作安排

工作人员、负责人、文件印制、装订、装袋检查文件的完整性、会议签到表的制作和代表签到、预备会文件摆放、职代会文件摆放。

（二）注意事项

1. 文件必须齐全，不能发生错发、漏发现象；预备会议文件印制 60 份；二个主要报告及会议指南印制 60 份。

2. 登记表应包括代表姓名、单位及联系方式。

3. 2 月 19 日下午代表报到时领取预备会文件之三，会议指南、代表证、笔记本、签字笔。

4. 2 月 19 日晚摆放职代会正式会文件之一、二、三。

会场及环境布置（拟定）

一、责任归口

会场及环境布置工作的总体协调由会务组负责。

二、分工安排

（一）主会场责任人：××

1. 台面配茶水、桌签

2. 会标

（1）预备会：××公司×届×次职工代表大会预备会议

（2）正式会：××公司×届×次职工代表大会

3. 座次安排

（1）主席台座次安排，桌签及单独发言席

（2）会议室门口摆放会议座次表，要求清晰、醒目

（二）分组讨论会场

要求配置茶水，贴门牌，有专人负责。

三、分组讨论会场安排

第一代表组：宾馆五楼第四会议室

第二代表组：宾馆二楼第二会议室

第三代表组：宾馆二楼第一会议室

第四代表组：宾馆三楼第三会议室

主席团汇报会议室：7 楼会议室

会务安排（拟定）

一、责任归口

会务安排工作的总体协调由会务组负责。

二、分工安排

（一）会议通知

会议通知由综合部拟定，报经筹备领导小组审定后发布。

由综合部分别落实领导、会议代表、离退休和列席人员。

（二）会议证件

会议代表证、会议列席证和工作证三种；

代表证 60 张，会议列席证 15 张，工作证 15 张。

（三）会议指南

印制会议指南：75 份

（四）代表报到

代表报到及领取资料处设在宾馆一楼，宾馆门口设立水牌，指示报到处位置。

（五）会议服务

责任人：××

1. 会中服务

每隔 30 分钟提供茶水服务，要求迅速、准确，保证会议正常进行。

2. 会后服务

散会后打扫会场。

（六）餐饮安排

1. 会议期间为职工代表安排午餐。

2. 2月20日晚安排晚宴

（1）桌签的摆放及座次的安排。

（2）宾馆餐厅门口摆放座次表，清晰、醒目。

三、注意事项

合影、午餐、晚宴要写进主持词。

会务过程控制（拟定）

一、责任归口

会务过程控制工作由会务组负责。

二、分工安排

（一）表彰颁奖程序

负责人：××

2月17日前应制作好奖状、证书、绶带、胸花。

2月17日晚应进行颁奖演练，确保颁奖过程中礼仪站位正确及颁奖过程紧密衔接。

（二）代表合影工作

负责人：××

××负责合影时站位，××负责按照要求进行拍照、冲洗及分发到代表手中。

（三）分组讨论记录人员的安排

责任人：××

确保记录人员准确、完整、客观地记录讨论内容，尽快形成记录电子文本。

（四）签订责任书环节

责任人：××

负责安排礼仪人员引导签字代表到签字台和离开签字台，并确定好签字顺序。选择好背景音乐。

思考题

1. 联系工作实际，谈谈如何履行好职代会的各项职权。

2. 职工代表应如何做好提案工作？

3. 职工代表大会的规范化召开流程是什么？

第三章

职工代表参与厂务公开工作

中共中央、国务院在《关于构建和谐劳动关系的意见》中提出，推进厂务公开制度化、规范化。进一步提高厂务公开建制率，加强国有企业改制重组过程中的厂务公开，积极稳妥推进非公有制企业厂务公开制度建设。完善公开程序，充实公开内容，创新公开形式，探索和推行经理接待日、劳资恳谈会、总经理信箱等多种形式的公开。职工代表在厂务公开民主管理工作中发挥着重要作用。

第一节 厂务公开的总体要求

一、厂务公开的意义

厂务公开是深化改革的产物，是职工代表大会制度的发展和完善。实行厂务公开制度是进一步落实党的全心全意依靠工人阶级方针的有效途径，是新形势下企业民主管理新的实现形式和途径，也是职工代表大会制度在新形势下的完善和发展。推行厂务公开制度，能在新形势下更好地坚持职代会制度，落实职代会职权、发挥职代会作用。

实践证明，实行厂务公开是进一步落实党的全心全意依靠工人阶级根本指导方针的有效途径；是加强企业管理，建立现代企业制度，依靠职工办好企业的内在要求；是搞好群众监督，促进党风建设，加强企业党组织建设、领导班子建设的有力手段。实行厂务公开，对于推进基层民主政治建设，保障和落实职工当家作主的民主权利；维护职工合法权益，建立企业和谐稳定的劳动关系；密切党与职工群众的联系，巩固党的阶级基础和执政地位；保护、调动和发挥广大职工的积极性和创造力，促进企业改革、发展和稳定，推动经济社会又好又快发展，具有重要的意义和作用。

（一）有利于扩大职工民主参与，加强企业科学管理

国有企业职工既是国家的主人，也是企业的主人。职工知厂情是职工民主参与和民主管理的前提条件。职工没有知情权，就没有参与权和管理权，更谈不上行使当家作主的权利，依靠职工办企业就是一句空话。厂务公开的重要作用就在于通过公开厂情，调动职工的积极性，使广大职工真正了解企业改革与发展重大决策、涉及职工切身利益的重大事项和领导干部廉政勤政等情况，为广大职工通过职工代表大会等形式行使民主权利，

提供了必不可少的条件，打下了良好的基础。

实行厂务公开，有利于推动企业依靠职工民主管理，进一步搞好民主决策和科学管理。实践证明，厂务公开既有利于职工民主参与和民主管理权利的落实，又有利于获得广泛的群众基础，实现管理的科学化、民主化。正如《中共中央办公厅、国务院办公厅关于在国有企业、集体企业及其控股企业深入实行厂务公开制度的通知》指出的那样："广大职工依照有关法律和规定参与企业的民主决策、民主管理、民主监督，是我国企业管理的重要特色和优势。"

（二）有利于加强职工群众民主监督，推进企业党风廉政建设

知厂情不仅是依靠职工搞好民主参与和民主管理的前提和基础，也是依靠职工加强民主监督的前提和基础。职工群众是最关心企业，最有权参与监督的。如果职工对企业的重大决策和经营管理等情况不知情，就谈不上发挥职工群众的民主监督作用。近些年来，一些企业的经营管理和领导干部中出现这样那样的不正之风和腐败问题，一个重要原因就是忽视包括职工群众监督在内的各种形式的监督。厂务公开的积极作用，就在于通过公开，把企业的经营管理和干部的廉政勤政情况置于广大职工群众的监督之下，并通过职工群众的监督真正落到实处，形成自上而下和自下而上相结合的监督制约机制，推进企业的领导班子建设和党风廉政建设。实行厂务公开，加强群众监督，既是对企业领导干部的监督和制约，也是对企业领导干部的支持和爱护。

（三）有利于充分调动干部和职工的积极性，以形成强大合力

当前，影响企业党群、干群关系的原因很多，最根本的原因就是一些企业领导干部淡化了"一切为了群众，一切相信群众，一切依靠群众"的思想观念，听不进职工的批评意见，与职工的感情疏远了。在新的历史时期，尤其在深化国有企业改革的关键时刻，各级领导干部增强党的群众观点，坚持党的群众路线，进一步密切与职工群众的联系，是党中央一再强

调和着力解决的一个重大问题。厂务公开是企业领导干部与职工群众密切联系的新途径，有利于加强企业领导干部与职工群众之间的双向沟通，进一步密切党群、干群关系，调动干部和职工的积极性，企业劳动关系的协调与稳定。

（四）有利于坚持和完善职代会制度，带动企业其他民主制度建设

全心全意依靠职工办企业的一个基本要求，是必须建立健全职工代表大会制度。职工代表大会制度是有中国特色的企业职工民主管理的基本制度。国有企业不管怎样改革，只要是国有或国有控股企业，都要坚持实行这一基本制度，并且要不断探索职工民主管理、民主监督的新的实现途径。推行厂务公开，为我们找到了一个在新形势下既坚持职代会制度，又促进职代会制度建设的有效形式。通过实行厂务公开，可以促使那些没有建立职代会制度或职代会制度不健全的企业，把职代会制度尽快建立健全起来，更好地发挥职代会的作用。对那些职代会制度比较健全、工作开展比较好的企业，厂务公开能够进一步丰富、充实职代会的内容，促进职代会制度的巩固和提高，使职工代表大会制度更好地适应企业改革、改组、改造和加强管理的需要。推行厂务公开，还可以带动企业其他民主制度的建设。

（五）有利于促进现代企业制度的建立，增强企业内部凝聚力和市场竞争力

国有企业改革的方向，是建立以"产权清晰、权责明确、政企分开、管理科学"为主要特征的现代企业制度，实现企业制度的创新。现代企业制度这四个方面的基本要求是一个统一整体，不能只强调产权一个方面而忽略其他方面。实现这个基本要求，必须在理顺国家与企业关系的同时，同步理顺企业与职工的关系，明确所有者、经营管理者和职工的责、权、利，并切实在企业的管理体制、机制、制度等诸多方面充分体现，使国有企业真正成为法人实体和市场主体，做到自主经营、自负盈亏、自我发

展、自我约束。为此，建立科学的企业领导体制和组织管理制度，调节所有者、经营管理者和职工之间的关系，形成激励和约束相结合的经营机制，就显得尤为重要。厂务公开正是从推动企业形成激励和约束相结合的体制、机制、制度等方面发挥作用的，它有利于促进企业制度的创新，增强企业内部的凝聚力和市场竞争力。

二、厂务公开的指导原则

按《企业民主管理规定》要求，企业实行厂务公开应当遵循合法、及时、真实、有利于职工权益维护和企业发展的原则。

（一）坚持以马列主义、毛泽东思想、邓小平理论、"三个代表"重要思想、科学发展观、习近平新时代中国特色社会主义思想为指导，贯彻落实党的二十大精神，贯彻落实党的全心全意依靠工人阶级的指导方针。

（二）遵循国家法律、法规和党的方针政策，实事求是、注重实效、有利于改革发展稳定和保护商业秘密。

（三）坚持党委统一领导，党政共同负责，有关方面齐抓共管，动员职工广泛参与。

（四）与企业党的建设、领导班子建设、职工队伍建设相结合，与建立现代企业制度相结合。

三、厂务公开总体要求

（一）国有企业、集体企业及其控股的企业都要实行厂务公开

目前还没有实行的单位应尽快实行。已经实行的，要进一步深化，逐步使其内容、程序、形式规范化、制度化。特别是生产经营困难的企业更应当实行厂务公开，动员和依靠职工群众与经营者共同把企业搞好。

（二）在厂务公开工作中，要切实做好企业领导人员和职工的思想工作

企业领导人员要提高认识，自觉地把厂务公开摆到重要工作位置，纳

入现代企业管理的体制、机制和制度之中。要鼓励职工积极参与厂务公开活动，支持和监督企业经营者依法行使职权，认真行使当家作主的民主权利。要加强对职工代表的培训，不断提高他们参与民主决策、民主管理和民主监督的意识和能力。

（三）在厂务公开工作中，必须坚决防止和克服形式主义

要保证公开的真实性，务求工作实效。要切实做到企业重大决策必须通过厂务公开听取职工意见，并提交职代会审议，未经职代会审议的不应实施。涉及职工切身利益的重大事项，更应向职工公开。职代会按照法律法规规定具有决定权和否决权，既未公开又未经职代会通过的有关决定视为无效。在国有和国有控股企业，经职代会民主评议和民主测评，大多数职工不拥护的企业领导人员，其上级管理部门应采取相应的组织措施。企业领导人员违反职代会决议和厂务公开的有关规定，导致矛盾激化，影响企业和社会稳定的，要实行责任追究。

第二节　厂务公开的主要内容

一、厂务公开的主要内容

（一）企业厂务公开内容

按《企业民主管理规定》要求，企业应当向职工公开下列事项：

1. 经营管理的基本情况；

2. 招用职工及签订劳动合同的情况；

3. 集体合同文本和劳动规章制度的内容；

4. 奖励处罚职工、单方解除劳动合同的情况以及裁员的方案和结果，评选劳动模范和优秀职工的条件、名额和结果；

5. 劳动安全卫生标准、安全事故发生情况及处理结果；

6. 社会保险以及企业年金的缴费情况；

7. 职工教育经费提取、使用和职工培训计划及执行的情况；

8. 劳动争议及处理结果情况；

9. 法律法规规定的其他事项。

国有企业、集体企业及其控股企业除公开上述相关事项外，还应当公开下列事项：

1. 投资和生产经营管理重大决策方案等重大事项，企业中长期发展规划；

2. 年度生产经营目标及完成情况，企业担保，大额资金使用、大额资产处置情况，工程建设项目的招投标，大宗物资采购供应，产品销售和盈亏情况，承包租赁合同履行情况，内部经济责任制落实情况，重要规章制度制定等重大事项；

3. 职工提薪晋级、工资奖金收入分配情况，专业技术职称的评聘情况；

4. 中层领导人员、重要岗位人员的选聘和任用情况，企业领导人员薪酬、职务消费和兼职情况，以及出国出境费用支出等廉洁自律规定执行情况，职工代表大会民主评议企业领导人员的结果；

5. 依照国家有关规定应当公开的其他事项。

厂务公开的内容应根据企业的实际情况有所侧重。既要公开有关政策依据和本单位的有关规定，又要公开具体内容、标准和承办部门。既要公开办事结果，又要公开办事程序。既要公开职工的意见和建议，又要公开职工意见和建议的处理情况，使厂务公开始终在职工的广泛参与和监督下进行。要密切结合企业改革和发展的实际，及时引导厂务公开不断向企业生产经营管理的深度和广度延伸，推动企业不断健全和完善管理制度、党风廉政建设制度和职工民主管理制度。

在实际工作中，各地在认真公开以上内容的同时，增加了一些新内容，如：单位的经济责任一体化考核、重要岗位人员的轮换、社保金的缴纳、企业年金的管理和使用等内容。这些新增加的内容，有的是在深化改革中新出现的深层次问题，有的是长期以来广大职工密切关注、迫切想知道的问题。

关于厂务公开的内容，一是要按上级的要求执行，认真公开有关事项；二是抓好职工关心的热点问题，如收入的问题、竞争上岗和减员分流等问题的公开、公平、公正。关注企业改革发展的重大问题，注重公开向生产经营管理领域延伸。

（二）机关事业单位公开内容

关于机关事业单位的公开内容，比照《企业民主管理规定》的要求，应包括以下方面。

1. 机关事业单位重大问题决策公开

包括机关事业单位发展目标和长远规划、重大投资及财务决算、机构和人事改革方案。

2. 干部的选拔、任用和管理公开

包括岗位职责和各岗位干部的任用条件、程序、结果，职工代表大会民主评议领导干部的标准、程序和结果等。

3. 涉及职工切身利益的问题公开

包括职工工资、奖金、保险福利、住房出售、劳动保护措施、职工培训计划、职称评定、奖惩、晋级、聘用等方面的情况。

4. 机关事业单位领导廉洁自律情况公开

包括领导人员个人收入、住房、购房、装修、公费电话开支、使用公车情况，出差出国（境）的费用支出等。

5. 基建工程及较大维修项目的公开

包括基建项目的面积、招投标方案、资金预决算、费用开支、项目负责人情况及要求实现的质量、目标、监理部门的评价建议等。

6. 大宗、批量的物资采购、供应公开

包括建立供货关系的前提条件，择优选点的标准、程序、评价结果等。图书资料、教学仪器、医疗科研设备和其他物资采购的数量、单价、总价、经手人等。

7. 职工关心的热点问题公开

如固定资产的租赁，大笔资金的流向，奖励处罚、任免的决定，单位水电、电话、汽车等费用支出情况，困难职工的补助标准、条件及结果等。

二、厂务公开的基本程序

一般来说，厂务公开的基本程序主要有以下几个步骤。

（一）提出公开事项

根据企业厂务公开办法的规定，由厂务公开领导小组或厂务公开办公室责成有关方面、部门公开有关内容。承办部门及时提出公开方案。

（二）实行责任审查

凡是向职工公开的内容，厂务公开领导小组（或厂务公开办公室、部门主管领导）要对承办方面准备的情况和具体公开的方案进行审查，做到资料齐全、内容准确无误。

（三）按规定的形式、时限及时进行公开

可采取职工代表大会的方式或其他形式，及时审议通过有关重大事项并通过局域网进行公布。

（四）广泛听取意见

厂务公开领导小组要采取多种形式，广泛听取职工的意见。凡遇到职工对一些公开内容反映强烈或争议较大的，要采取审慎态度，多做调查研究和细致的工作。

（五）认真进行整改

有关领导和责任部门认真采纳职工的合理建议和意见，提出整改办

法，落实整改措施，认真实施整改。

（六）及时反馈情况

对职工意见的处理结果以及整改的情况，要及时向职工群众反馈。

（七）适时监督检查

厂务公开监督小组对厂务公开全过程要适时实施监督检查，确保厂务公开的内容适时、如实全面，形式和程序要恰当。对检查出来的问题要及时纠正和处理。

三、厂务公开的组织领导

关于厂务公开的组织领导，各地各单位推行厂务公开民主管理都应按照"党委统一领导、党政共同负责、有关方面齐抓共管、职工群众广泛参与"的指导原则建立组织领导、运行和监督机制。

企业实行厂务公开民主管理要在党委领导下进行。企业党委要从政治上、政策上加强对厂务公开民主管理的领导，做好思想政治工作，进行综合协调。

要建立由党委、行政、纪委、工会负责人组成的厂务公开领导小组。其主要职责是：制定厂务公开民主管理的实施细则（办法），审定重大公开事项，协调有关部门的厂务公开民主管理工作，研究解决实施中的问题，做好督导考核工作，制定厂务公开岗位责任制度和监督检查办法并督促执行。

企业行政是实行厂务公开的主体。应以企业行政领导、各有关业务部门为依托，建立若干专项公开小组。其主要责任是：贯彻执行厂务公开实施办法，根据实施办法的规定和领导小组的要求，及时公开有关内容，并对其真实性负责；根据有关方面反馈的意见进行整改，直到职工满意；向职工代表大会报告厂务公开工作，听取职工代表意见，不断改进厂务公开工作；负责有关厂务公开内容及过程的记录和档案管理。

企业应成立由纪检、工会有关人员和职工代表组成的厂务公开监督小组。主要负责监督检查厂务公开内容是否真实、全面、及时，程序是否符合规定，职工反映的意见是否得到落实；负责对违反职工代表大会决议和厂务公开的有关规定，导致矛盾激化，影响企业和社会稳定的企事业领导人员，提出责任追究的意见和建议。

工会负责动员组织职工广泛参与厂务公开工作，对厂务公开工作中存在的问题进行协调，并负责厂务公开的日常工作。在实际工作中，由于厂务公开工作尚未完全融入企业的体制、机制和制度之中，存在着"人治"的情况，厂务公开工作的好坏同单位领导者对此项工作的认识程度有很大关系，因此要努力加强厂务公开的制度建设，要防止工会一家唱独角戏的情况。

第三节　厂务公开的实现形式

一、厂务公开的主要形式

厂务公开的主要载体是职工代表大会。通过实行厂务公开，进一步完善职代会民主评议企业领导人员制度，坚持集体合同草案提交职代会讨论通过，企业业务招待费使用情况、企业领导人员廉洁自律情况、集体合同履行情况等重要事项向职代会报告制度，国有及国有控股的公司制企业由职代会选举职工董事、职工监事制度等，不断充实和丰富职代会内容，提高职代会的质量和实效，落实好职工群众的知情权、审议权、通过权、决定权和评议监督权，建立符合现代企业制度要求的民主管理制度。由于厂务公开的目的不仅仅是公开，而是要吸收广大职工参与决策、管理和监督，其实质同职工代表大会一样是职工民主管理。职工代表大会是法定的民主管理形式，制度比较科学，有广泛的代表性，有较高的权威性，能更好地体现厂务公开的本质特征。因此，职工代表大会是厂务公开的主渠道。

二、厂务公开的辅助形式

在职工代表大会闭会期间，为切实保证职工代表大会行使职权，发挥作用，职工代表大会条例中就建立职工代表团（组）长、专门工作委员会（小组）负责人联席会议，以及车间班组民主管理做出规定。这些既是职工代表大会的重要补充形式和辅助形式，也是厂务公开的有效形式。

厂务公开栏、厂务公开网络，以及为公开某些事项而召开的厂情发布会等各种会议，是厂务公开的日常形式。其特点是，直接面向广大职工群众，及时、直观，方便职工随时了解相关情况。当前企业生产经营状况、领导干部和重要岗位人员任前公示、职工收入分配办法和结果等可以采取这种形式。这种形式的缺点是单向性，必须通过意见箱、监督电话等才能了解职工的反映。

市场经济的规范形式也是厂务公开的一种形式，主要是指物资采购供应和基建项目招投标，人才招聘、选任，上市公司依照有关规定公开披露财务报表等。这种公开形式比较科学、规范，公开的范围广，适用于需要向社会广泛公告的事项。这也是广大职工知情的一个渠道。

新闻媒体的宣传是厂务公开的常用形式。主要包括企事业单位的广播、电视、厂报、墙报、企事业单位内部信息网络等。经职工代表大会审议通过的，或经过其他形式公开以后需要在更大范围宣传的厂务公开事项，都可以通过媒体形式进一步公开。

厂务公开的形式要根据厂务公开的内容、要求和办法确定的形式选择，不能随便想怎么公开就怎么公开。选择应遵循以下几点：法律法规和制度有具体规定的，要按规定办，包括《工会法》《劳动法》《公司法》《企业民主管理规定》和政府颁发的各项专项法规，"两办通知"，以及本单位的厂务公开实施细则（办法）等；能够按市场经济办法解决的问题，尽量按市场经济的办法解决。如物资采购供应招投标、管理人员的招聘等；其他厂务公开的内容，包括职工临时提出需要公开的事项，由厂务公开领导小组研究决定采取适当形式加以公开。要将每次公开的内容、时间、承办部门、人员和职工提出的问题及答复、处理结果整理成文字材料，由厂务公开领导小组或工会妥善保存备查。

三、职工代表参与厂务公开的方法

企业实行厂务公开是企业民主管理中的一件大事，职工代表作为接受、推行公开办事制度的主体之一，与企业行政领导一样负有重要责任，必须以高度的政治责任感和主人翁姿态，热心关注、积极参与，以期达到强化企业民主管理的目的。在实行厂务公开工作中，职工代表发挥作用的主要途径和方法如下。

（一）主动参与

职工代表要提高认识，切实把厂务公开作为关系企业兴衰和职工切身利益的重大措施来对待，要有主动参与的意识、积极发挥应有的作用。

（二）做好宣传

职工代表要根据企业厂务公开领导小组的统一安排，配合党委、行政和工会运用各种宣传形式，特别是工会的宣传阵地，加大宣传力度，使广大职工群众加深对厂务公开目的、意义的认识，不断增强和参与这项工作的积极性和责任感。

（三）抓住关键

职工代表大会是厂务公开的主要载体，而厂务公开又为落实职工代表大会的各项职权、提高职工代表大会的质量与实效创造了条件。职工代表要积极推动进一步完善职代会民主评议企业领导人员制度，坚持集体合同草案提交职代会讨论通过，企业业务招待费使用情况、企业领导人廉洁自律情况、集体合同履行情况等企业重要事项向职代会报告制度，国有及国有控股的公司制企业由职代会选举职工董事、监事制度等，要按照有关规定，代表职工行使落实好知情权、审议权、通过权、决定权和评议监督权。

（四）强化监督

为保证厂务公开制度的建立、健全、完善和顺利运行及提高质量，需要经常进行监督检查，这就要发挥好职代会各专门小组和企事业单位职工代表的日常监督作用。职工代表要本着实事求是、认真负责的精神，通过职工代表大会等有效形式，对厂务公开的运行情况进行监督，对企业不公开的问题要敢于提，对不公开的账目要敢于查，充分履行好监督职责。

（五）推行厂务公开需要职工代表具有较高素质和能力

为此职工代表要通过参加教育、培训，不断提高自身素质，要坚持不懈地学习政治、文化、科技、管理、经营、法律等多种知识和技能，努力提高政治觉悟、政策水平、业务能力和洞察分析能力。职工代表要关心企业的改革和发展，正确行使自己的民主权利。要尊重企业经营管理者的管理权威，支持他们依法行使职权。要增强责任感、使命感和行使民主管理、民主监督权力的能力。

（六）带头落实

厂务公开的各项制度，不仅制约企业领导班子和领导干部，同样也规范企业职工代表和广大职工的言行。因此，职工代表要带头支持、拥护和落实厂务公开的各项制度和要求，并宣传动员和团结广大职工同企业党政工一道，共同把厂务公开搞好。

参考文本1

××公司厂务公开实施方案

为了贯彻落实党的全心全意依靠工人阶级的指导方针以及总公司关于加强厂务公开工作的有关精神，巩固、深化和规范厂务公开工作，进一步增强职工群众的主人翁责任感，密切党群、干群关系，切实加强内部管理，促进和维护企业的改革、发展和稳定，现结合公司实际，特制订本实施方案。

一、指导思想

以马克思列宁主义、毛泽东思想、邓小平理论、"三个代表"重要思想、科学发展观、习近平新时代中国特色社会主义思想为指导，以加强基层民主政治建设为核心，以职代会为基本载体，以企业改革和发展的"难点"、职工群众关心的"热点"、党风廉政建设的"疑点"为厂务公开的重点，依法落实职工的民主参与、民主管理、民主监督权利，充分调动职工的积极性和创造性，促进公司的领导班子建设和党风廉政建设，提高经营管理水平和经济效益，推动企业三个文明建设的全面发展。

二、厂务公开的主要内容

1. 企业重大经营决策方案（包括企业改革、改制方案，企业内部承包，职工裁员、分流、安置方案等重大事项）。

2. 企业经营状况（包括年度生产经营指标及完成情况，水利工程建设项目的招投标、物资采购等）。

3. 财务收支情况（主要包括主营业收入、支付的各项费用等）。

4. 涉及职工切身利益方面的重要问题（包括集体合同、劳动合同的签订和履行情况，职工养老、医疗、工资、奖金分配、社会保险基金缴纳情况，安全生产，劳动保护等应该公开的事项）。

5. 与领导班子建设和党风廉政建设密切相关的问题（主要包括民主评议，民主测评，业务招待费使用情况，领导的工资、奖金、用车、通信工具的使用情况等）。

三、厂务公开遵循原则

1. "突出重点"的原则。重点是指全厂重大经营决策及涉及职工利益，群众关心，反映强烈的热点问题。

2. "实事求是"的原则。厂务公开制度，要实事求是，重视实际效益，公开的内容必须真实可靠，准确可信。

3. "方便群众"的原则。厂务公开其目的是接受群众监督，把工作做得更好，所以必须方便群众简便可行，为多数职工群众所理解和接受。

4. "有章可循"的原则。确定公开内容后。我厂将根据有关部门的要求，从实际出发，制定出具体的、周密的、操作性强的实施办法，对公开的内容形式、程序、标准、时间及监督考核办法，都要作出明确规定，同时要与局有关部门及时沟通，并接受监督和检查。

5. "服务中心"的原则。在企业里任何工作都要服从服务于生产经营这个中心，服从团结、稳定、发展的大局。

6. "分层次公开"的原则。根据不同的公开内容，在全厂的不同层次和范围公开，做到制度、程序、监督、执行情况四公开。

四、厂务公开制度的形式

1. 建立厂务公开栏。

2. 利用板报、画廊等多种宣传形式，公布应公开的内容。

3. 通过不同层次的干部会、党员会、职工代表大会，及时公开应公开的内容。

4. 建立"主人翁信箱"，收集职工群众建议和要求，便于公开。

五、民主监督的办法

1. 建立"建议和监督信箱"，全厂的干部、职工的重要建议，对违法、违纪人和事的揭发检举，都可通过"监督信箱"及时反映给有关领导。

2. 厂工会聘请若干名职工群众和退休职工担任厂务公开监督信息员，经常与他们沟通信息。

3. 组织召开由职工代表参加的座谈会，征求全厂职工的正确意见和要求，通过口头或书面形式及时向有关领导和部门反映。

4. 通过"民主监督电话"，及时听取职工的反映和要求，并及时研究解决。

5. 公司厂务公开领导小组和监督评议小组，要及时召开会议，听取并研究职工代表的意见和建议。

6. 搞好群众评议，某项"厂务公开"以后，监督评议小组要及时组织职工代表召开座谈会，对公开的内容、形式、效益、真实程度进行评议，并把评议的结果及时向有关领导反映。

六、厂务公开的时间

厂务公开的时间根据公开的项目、内容和群众关心程度而定。

年终目标任务完成进度、招待费使用、民主评议领导干部、领导干部廉洁自律等情况，可半年公开一次，其余内容可根据时间情况按月、按季公开，或随时公开。

七、组织领导

（一）成立厂务公开领导小组

1. 厂务公开领导小组工作职责：

（1）认真贯彻落实党的路线方针政策，坚决执行局党委、行政的各项指示精神，严格遵守国家的法令、法规；

（2）认真组织和开展好厂务公开工作，正确行使常委、行政及财务工作职责，为公司负责，为职工服务；

（3）政治立场坚定、勤政务实、坚持真理，说实话办实事，一切工作服从服务于全公司的经济工作和职工的生活；

（4）组织率领班子成员搞好廉政建设工作，每半年向职工群众汇报一项廉政自律工作开展情况；

（5）强化党组织的政治核心监督保证作用，加强对班子成员的思想政治教育，为公司的三个文明建设服务。

2. 领导小组下设办公室，负责实施厂务公开的日常组织、协调工作。办公室设在厂工会，由工会副主席兼任办公室主任。

（二）成立厂务公开监督小组

1. 厂务公开监督小组工作职责：

（1）认真贯彻执行国家的法令、法规，组织开展好厂务公开监督工作，协助党组织做好廉政教育工作；

（2）监督和协助行政，搞好对人、财、物的管理，使其做到账物清楚，准确无误；

（3）及时反映职工群众对班子、党员及单位工作人员存在的不正之风及违法现象，并督促其改正。

2. 厂务公开监督小组的权利：

（1）有责任和权利向公司领导建议和提出廉政建设问题；

（2）有责任和权利批评破坏纪律、违反原则的党员和领导干部；

（3）有责任和权利制止公司人员正在发生的违法、违纪行为；

（4）有责任和权利对厂务公开的内容向领导进行询问和提出建议。

3. 厂务公开监督小组的义务：

（1）经常向职工群众传达公司党委行政的各项指示精神，传达公司的各项重大决策，做好职工群众的思想工作；

（2）有义务督促领导班子成员搞好廉政自律事宜；

（3）协助公司搞好厂务公开工作，对存在的问题，有义务帮助改正，并做好对职工群众的解释工作；

（4）正确行使权利，模范遵守公司的各项规章制度，立场坚定，爱憎分明，表里如一，言行一致。

📖 参考文本 2

×××发电有限公司厂务公开的经验和创新

1. ×××公司厂务公开情况综述

厂务公开是企业实行民主管理、强化民主监督的有效形式，推进厂务公开，不仅是企业发展的必然要求，也是维护广大员工切身合法利益的现实需要。近年来，×××公司在抓好经营管理、生产建设的同时，结合本厂实际，找准厂务公开的着眼点和着力点，深化厂务公开改革，不断完善厂务公开机制、拓宽厂务公开内容、扩大厂务公开途径、规范厂务公开程序。

2. ×××公司实施厂务公开工作的实践经验

2.1 实践案例 1：选举公开，引入"公推直选"

职工代表的素质直接关系到职工代表大会的质量和职工民主管理的水

平，×××公司在实践过程中，采用"公推直选"方式，从源头把好职工代表质量关。公开代表候选人提名，将提名权交给职工，公司在职工代表换届选举时，工会以班组、工会小组、分工会为单位分别公布员工信息的名单，让每位员工独立自主地从中挑选符合任职条件和个人意愿的人选。公开代表选举过程，各分工会、工会小组召开专题选举动员会，使全体员工自觉参与民主选举。公开选举结果，各基层分工会对选举出来的职工代表进行公示，接受全体员工监督。

2.2 实践案例2：监督公开，引入"群务管理督察"

群务管理督察组是代表员工利益的一个特殊群体，通过对涉及企业关键业务、敏感事件、民生事务等实施群务督察，促使相关职能部门规范、高效地开展具体业务工作。首先，×××公司采取行政牵头，在企业范围内采取自愿报名和组织点将的形式，选拔了48名有能力、热心群众事务，并且具有代表性的员工成立群务管理督察组，代表全体员工参与企业管理和决策。其次，×××公司每年对群务管理督察工作进行立项。2017年公司确立了"走基层、转作风、强服务"工作计划及实效督察、生产作业现场安全行为监督和"三票三制"现场执行情况督察、员工福利费使用情况监督、建立员工健康电子档案等十个项目的监督。

2.3 实践案例3：回复公开，引入"建议五化、提案五亮"

2.3.1 "建议五化" ①合理化建议信息化。员工可从×××公司内网网页进入"合理化建议"板块，点击"提建议"链接，打开《合理化建议申请表》填写合理化建议内容。②合理化建议办理流程表单化。公司合理化建议工作组、各承办部门，可凭借权限登录公司网页表格，网上在表单对应栏进行回复。③合理化建议落实和反馈及时化。公司工会要求承办部门必须五个工作日完成建议的回复工作。④合理化建议满意度测评公开化。提案工作专门委员会将每月月初在公司内网公布建议回复和闭环的满意度情况。⑤合理化建议评比规范化。公司合理建议评审会每季召开专题优秀建议评审会，评出优秀的建议，及时给予表彰和奖励。

2.3.2 "提案五亮" ①"亮"征集的职工代表提案。提案工作委员会下发提案征集通知后，由1名代表提议，1名或1名以上代表或职工附议，共同签字后即作为有效提案。②"亮"提案沟通会信息。分管领导、承办提案回复的部门负责人和专业人员、提案解答责任人、提案提出人及提案工作组和群务管理督察组共同参与对提案人的当面解释、沟通、满意度测评。③"亮"提案反馈满意。沟通会后针对每位职工代表提出的提案，由群务管理督察组进行专项满意度测评，并形成测评报告，上传企业内网接受员工监督、评议。④"亮"提案工作进程。提案专项工作委员会，定期、定时跟踪责任部门、责任人完成情况，并及时内网反馈于员工。⑤"亮"提案处理结果。公司提案专项工作委员会结合年度提案落实情况及提案落实的满意测评结果，每年在职代会上向全体职工代表进行《提案落实报告》。

2.4 实践案例4：决策公开，引入"员工话语权"

厂务公开要想真正做到让员工满意，就得为职工提供平台，就得让员工充分行使民主权利，就得让职工享有发言权，让职工想说话，敢说话，能说话。为此，×××公司厂务公开正式引入"三拓"公开方式，扩大职工在企业决策中的参与权与话语权。①拓宽职代会议内容。根据职代会设置好的议题议程，结合企业发展、安全生产实际情况，将公司年度工作报告、目标责任书、集体合同、员工奖励、安全生产奖励、党工团经费使用情况都纳入职代会内容，让职代会真正成为员工的大会，民主的大会。②拓宽职工沟通方式。③拓宽重大会议参与率。公司每年在召开科技大会、安全大会、班组建设会议、教育培训大会、技改项目等各类重大会议时，需要提前撰写报告的，则召开专题座谈会，邀请职工代表参加。不需要提前撰写报告的，则设立职工代表专座，安排旁听，及时了解企业大事。

3. 厂务公开创新

3.1 创新公开内容和形式，将公司重点、热点、焦点内容作为推进厂

务公开工作的根本点

×××公司党委将生产经营的"重点"、员工关心的"热点"和企业改革的"焦点"作为推进厂务公开的"切入点"。对涉及职工群众切身利益的问题、职工群众普遍关注的党风廉政建设问题、企业改革发展的问题等，作为厂务公开的重点内容，进行全过程公开，让广大职工能真正参与企业民主管理。公司全面扩宽信息反馈渠道，收集、倾听职工群众的心声。设立了总经理接待日、厂长接待日；合理化建议、提案总经理、厂长亲自把关；企业领导与基层班组结对子，参加班组活动及班组会议；党政联席会邀请职工代表、群务管理督察员、基层班组长等不同群体人员参加会议。

3.2 创新监督体系，将群务管理督察作为推进厂务公开工作的关键点

×××公司职工群众作为群务管理督察监督的主体，必须履行与其监督职责相适应的监督权力。通过引入群务管理督察，抓实企业三项权力监督：对企业重大问题决策权的监督、对用人权的监督、对用钱权的监督。企业利用多种措施充分调动监督主体的监督积极性，整合各方力量，强化整体监督效能，形成监督合力，逐步形成一套有效监督权力的监督机制。同时，通过群务管理督察的监督作用，有效推动了企业不断完善各项评价体系的建立，形成制约和激励机制，有效地推动厂务公开工作健康、平衡地向前发展。

3.3 创新公开过程，将内容闭环作为厂务公开的落脚点

厂务公开的核心目的是闭环，没有闭环，厂务公开就失去了实质意义，×××公司充分做到了这一点。公司在厂务公开闭环上坚持组织、目标、计划、措施、效果"五个落实"；认识、措施、检查"三个到位"；机构、人员、经费"三个保证"。全方面对职工提出的正确建议，及时采纳，并尽快整改、落实，确保厂务公开工作的质量和效果。

总之，厂务公开涉及面广，政策性强，影响面大，只有切实推进职代会建设，贯彻落实相关政策方针，充分调动和发挥干部职工的积极性和创

造性，不断探索加强民主建设的新途径，增强企业的凝聚力、创造力，才能构建和谐的劳动关系、实现企业的科学发展和职工合法权益的保障。

📖 参考文本3

×××公司厂务公开典型经验

×××公司紧紧围绕建设"一强三优"现代公司，构建和谐企业的要求，依靠干部职工的集体智慧，在探索厂务公开管理工作的新途径、新方法的工作实践中，理顺厂务公开管理流程，强化民主管理，深化厂务公开，充分调动干部职工的积极性，促进管理水平和经济效益的提高。

一、厂务公开管理目标描述

（一）厂务公开管理理念

厂务公开是企业发展的需要，是进一步落实全心全意依靠职工办企业、加强基层民主政治建设的重要举措，通过厂务公开，营造公平、公正、民主的文化氛围，增强企业的凝聚力和向心力，有利于构建和谐企业，促进企业改革、发展、稳定。

（二）厂务公开管理范围和目标

1. 厂务公开管理的范围

根据公开内容，确定相应的公开范围，在各自的权限范围内分层次进行公开。

2. 总目标

通过厂务公开，推进民主政治建设，保障职工当家作主的民主权利，强化企业民主管理与监督，促进企业决策科学化、民主化，增强企业的向心力和凝聚力。

3. 具体目标

（1）加强职工队伍凝聚力：保证职工的知情权、参与权、监督权，确立职工的主人翁地位，调动职工的积极性和参与热情，职工的自主管理能力进一步提高，进一步规范企业管理行为，促进企业改革、发展和稳定。

（2）充分发挥厂务公开的监督作用：从制度化、规范化入手，夯实厂务公开的基础，实现职工知情、议政与民主监督的有机统一，健全完善制衡机制，强化民主监督，实现厂务公开与工会维护职能的有机统一。

（三）厂务公开指标体系

指标体系是一个不断调整、充实、完善的动态体系，通过及时修正完善，以反映厂务公开创新思路，进一步加强职工参与管理、参与监督，杜绝腐败，促进企业健康稳定发展。

参照同业对标指标体系，结合公司实际情况，建立厂务公开管理指标体系表。

二、厂务公开管理主要做法

（一）厂务公开管理工作流程

1. 节点说明

节点 1：开始。

节点 2：提出公开内容和公开范围。按照《×××公司厂务公开实施办法》，根据企业生产经营管理等情况，由厂务公开领导小组责成厂务公开工作办公室通知有关部门提出公开内容和公开范围。

节点 3：厂务公开工作办公室负责对公开内容和公开范围进行汇总，对涉及企业决策、投资、改革、发展等重大事项要报厂务公开领导小组审核批准，以确保公开内容全面、准确，符合有关法律法规和文件规定要求。

节点 4：厂务公开领导小组对公开方案的内容、时间、范围等进行审核批准。

节点 5：厂务公开工作办公室根据公开的形式和时限等要求，分类进行落实。需经职代会或职代会专门工作委员会和代表团（组）长联席会议公开的，由工会组织落实。以其他形式公开的，由厂务公开工作办公室负责督促承办部门及时准确地予以公开，并做到经常化、制度化。

节点 6：承办部门根据实施办法和厂务公开方案的要求予以公开，并接受群众监督。

节点7：厂务公开工作办公室对群众提出的正确建议及时采纳督促承办部门整改方案。

节点8：承办部门整改。

节点9：厂务公开监督领导小组根据《×××公司厂务公开实施办法》的要求进行监督检查。

节点10：监督检查领导小组根据情况提出考核意见。

节点11：厂务公开领导小组进行审核。

节点12：由厂务公开办公室执行并将有关资料存档。

2. 关键节点说明

关键节点是保证各项指标顺利完成的重要节点。节点2、节点4、节点5、节点6为关键节点。

节点2：提出公开内容。按照实施办法的要求，在符合有关法律法规的基础上，由厂务公开领导小组责成厂务公开工作办公室通知有关部门提出公开内容，将企业改革发展的难点、职工群众关注的热点、企业廉政建设的关键点，作为厂务公开的重点。

节点4：厂务公开工作领导小组负责对公开内容进行审查把关，对涉及企业决策、投资、改革、发展等重大事项应格外慎重，以确保公开内容全面、准确，符合有关法律法规和文件规定要求。

节点5：厂务公开办公室根据公开的形式和时限要求，分类实施公开：需经职代会或职代会专门工作委员会和代表团（组）长联席会议公开的，由工会组织落实。以其他形式公开的，由厂务公开工作办公室负责督促承办部门及时准确地予以公开，并做到经常化、制度化。

节点6：群众监督不仅要对厂务公开加大监督力度，还要大力推行群众监督制度，确保群众监督规范化、制度化。首先，对厂务公开的重点内容，实行源头公开，全程监督。将企业生产经营方针目标、年度工作计划、经营承包责任制方案；总经理工作报告、财务工作报告、审计工作报告；职工教育培训规划（计划）；集体合同的制定、修改和履行情况；企业改革、改制、改组、改造等重大事项的决策，规章制度以及重要的奖惩办法全过程公开。在企业生产经营管理的重点问题上，将企业年度基建工程和大修更改项目；经济责任制实施方案；物资采购及废旧物资处理情况；多产企业经营状况和重大事项全过程公开；对工程建设实行公开招议标。在与职工利益密切相关的"热点"问题上，实行重点监督。另外，要推行群众监督制度。一是深入推行民主评议制度。要扩大民主评议范围，增加评议的内容，使评议真正取得实效。二是推行公开承诺制度。各部门要把办理的事项、办事程序、办事制度、办事标准以及办结时限公开承诺，接受群众监督。三是推行"阳光投诉"制度。如开通总经理热线，总经理信箱等，畅通民意反映的渠道，打造群众监督的平台，既为群众排忧解难，又能加强群众监督。四是推行听证质询制度。把群众关注的热点和一些重要事项，通过召开质询会形式，加以解决，切实提高和扩大群众的知情权、参与权、选择权和监督权。

3. 过程控制方法

厂务公开遵循"过程控制"原则。过程控制是保证厂务公开工作是真公开还是假公开的试金石。按照"提出、预审、公开、意见反馈、整改和汇总归档"6个大环节、12个小环节为主要内容的厂务公开工作流程，制定详细的实施细则、责任制度、强化规范运作，推行闭环管理，突出程序控制、过程监督、严格考核。小组成员全过程参与基建、设备、劳保用品等招投标工作，保证招投标处于可控状态、公开状态。职代会公开是厂务公开的主渠道，为保证职代会公开的效果，落实职权，从规范职代会程序入手，凡是职代会审议决定的事项，会议材料都提前几天发给职工代表审议，凡是向职代会报告的事项，有关部门提前写出报告，原原本本向职代会报告。企业改革发展重大决策、重要制度、集体合同等都须经职代会审议决定后再行实施，需要大会表决的事项，不搞举手表决，实行票决制。加强源头参与，企业在制定经济责任制、绩效考核办法等事关职工切身利益的制度时，不仅事前组织宣传发动群众，事后对群众公布结果，而且群众参与制定修改的全过程，保证过程公开透明。

4. 实施形式描述

（1）职工代表大会是厂务公开的主要载体和最基本形式。公司职代会每半年召开一次。按照职工代表大会条例规定，认真落实职代会各项职权。坚持职代会民主评议中层及以上领导干部、集体合同草案提交职代会讨论通过、集体合同履行情况向职代会报告、企业招待费使用情况向职代会报告等制度，不断充实和丰富职代会内容，提高职代会的质量和实效，落实好职工群众的知情权、审议权、通过权、决定权和评议监督权，建立符合现代企业制度要求的民主管理制度。企业重大事项的提出和决策前，广泛征求职工群众的意见，并提交职代会专门委员会和代表团（组）长联席会讨论通过。

（2）厂务公开的日常形式。企业建立固定规范的厂务公开栏，按照应公开的内容对应公开事项随时进行公开。开通企业网站或企业内部局域网的单位，建立厂务公开网页，将应公开的内容及时载入厂务公开网页，方便职工随时查阅。

（3）厂务公开的其他形式。充分利用各种会议、信息简报和宣传媒体对职代会精神和企业重大决策事项进行广泛宣传，及时贯彻到职工中去。实行中层干部任用、发展党员、评优树先等事前公示制度。按照上级有关规定制定本单位公示办法，严格按程序做好公示，广泛听取职工群众的意见并接受监督。

（4）厂务公开的信息反馈。每年召开一次民主质询会，对有关问题向职工代表进行说明，接受职工代表现场质询，在广泛征求职工群众意见的基础上，召开党政联席会进行分析研究和处理。坚持公司领导接待日制度，公司领导面对面听取职工的意见和建议。设立厂务公开意见箱，及时收集职工的意见和建议。召开职工座谈会，了解职工对厂务公开工作的反映。

5. 记录形式

通过局域网、OA 办公系统等形式公开的，采取随机记录的方式；通过会议、书面材料等形式公开的，采取书面记录的形式；重要公开资料存档备案。

6. 其他规章制度

《×××公司厂务公开实施办法》

(二) 确保流程正常运行的人力资源保证

1. 组织机构

公司成立厂务公开领导小组，负责协调厂务公开工作；下设厂务公开办公室和监督检查领导小组，分别具体负责组织实施厂务公开的管理工作和监督检查工作。

2. 岗位设置及说明

(1) 成立厂务公开领导小组。

厂务公开领导小组组成

组长：公司总经理、党委书记

副组长：工会主席、纪委书记

成员：企划部主任、人事部主任、财务部主任、工会副主席

职责：负责厂务公开的组织领导，提出厂务公开总的要求和阶段目标，审查批准厂务公开实施办法、实施细则，协调解决工作中的重要问题等。

(2) 成立厂务公开监督小组。

监督小组组成

组长：纪委书记

副组长：审计部副总

成员：监察部主任、审计部主任、人事部主任、工会副主席

职责：负责监督检查厂务公开的实施、职工满意度测评以及需要整改落实的问题等。

（3）设立厂务公开工作办公室。

厂务公开工作办公室组成

主任：工会副主席

成员：政工部专工、监察部专工、财务部会计、工会干事

职责：在厂务公开领导小组的领导下，负责厂务公开的日常管理工作。

3. 岗位人员能力说明

（1）厂务公开领导小组成员要求：

①掌握党的方针政策以及法律、法规，坚持实事求是的原则，思想作风端正，工作认真负责；

②熟悉《厂务公开责任制》《责任考核暂行办法》以及《厂务公开管理办法》，并掌握工作流程等。

（2）厂务公开办公室小组成员要求：

①要熟悉厂务公开工作的基本知识，具有一定的厂务公开工作经验，掌握厂务公开工作的基本流程；

②具有丰富的工作经验和熟练的专业技能，较高的思想政治素质、较深的文化修养；

③要有深厚的群众基础、一定的沟通能力和社交能力，工作中能够独立出色地完成各项任务。

（3）厂务公开监督领导小组要求：

要对《厂务公开实施细则》《职代会实施细则》《职代会代表巡视管理办法》的内容能做到融会贯通，能熟练地运用《厂务公开实施办法》开展指导工作。

（三）保证流程正常运行的专业管理的绩效考核与控制

1. 绩效考核

考核是绩效管理循环的一个重要环节，绩效的评价方法最重要的是让职工明白公司对他的要求是什么，他将如何开展工作和改进工作；主管也要清楚公司对他的要求，对他所在部门的要求，同时主管要了解员工的素

质，以便有针对性地分配工作和制定目标。

2. 绩效考核的组织机构

公司成立厂务公开绩效考核领导小组，负责绩效考核的具体工作。小组组成如下。

组长：工会主席

副组长：副总政工师

成员：政工部主任、监察部主任、企划部主任、工会副主席

3. 绩效考核的指标体系

（1）节点说明

节点1：部室车间根据厂务公开方案提出的内容、范围、时间等实施公开。

节点2：厂务公开监督小组对厂务公开全程监督。

节点3：厂务公开监督小组公开情况提出考核意见。

节点4：厂务公开办公室对考核意见进行汇总并报厂务公开领导小组审核批准。

节点5：厂务公开领导小组对考核意见进行审批。

节点6：厂务公开办公室根据《×××公司厂务公开实施办法》执行考核。

节点7：厂务公开办公室进行效果评估。

节点8：厂务公开办公室将有关资料进行存档。

（2）厂务公开管理绩效考核说明及数据采集

①厂务公开监督检查小组定期对各单位厂务公开实施情况进行监督检查，检查结果及时通报，并与考核挂钩，对未按时按质完成工作的，提出考核意见，下发《厂务公开限期整改通知单》。

②职代会专门工作委员会对公开项目归类监督、全过程参与。坚持每年一次职工代表巡视检查制度。厂务公开监督检查小组每年一次向职代会报告厂务公开工作。

③建立厂务公开调查与监督检查制度和职工意见测评表。各单位每年

进行一次厂务公开实施情况调查，每半年进行一次监督检查总结，并于每年十二月中旬前将调查汇总情况和年度监督检查总结报公司厂务公开工作办公室。每年组织一次抽查。

4. 绩效评价的记录形式

（1）《职工意见测评表》

（2）《厂务公开监督检查表》

（3）《厂务公开限期整改通知单》

5. 绩效评价结果的应用

通过绩效评价，保证职工的知情权、参与权、监督权，保证公开内容的真实性、及时性、有效性，建立完善的厂务公开运作体系，使厂务公开工作更加科学、规范，职工更加满意，效果更加明显。

三、持续改进和评估

（一）持续改进

1. 对专业管理目标的改进方法

（1）完善领导机制，明确各级领导对厂务公开承担的责任和义务；

（2）完善公开运行机制，把厂务公开贯穿到企业所有工作的始终；

（3）完善监督机制，强化厂务公开对企业内部生产经营管理全过程监督。

2. 对指标体系的改进方法

通过拓展公开内容、创新公开形式、规范公开程序、强化公开监督，讲求公开实效，完善机制建设，提高各项指标的先进性、科学性。

3. 对工作流程的改进办法

（1）将厂务公开与现代企业制度相结合，积极探索厂务公开民主管理的新形式和新方法，建立健全激励、保障和监督机制，调动职工参与民主管理和监督的积极性；

（2）建立健全岗位责任制度，明确责任，严格考核，确保各项制度的落实；

（3）加强各项制度的相互衔接、支持和补充，形成一套完整的厂务公开民主管理制度控制体系。

4. 对绩效考核改进的方法

加大监督考核力度，强化监督考核措施，完善考核实施细则，不断探索厂务公开管理的新方法、新路子。

（二）评估

按照工作评估标准，每年开展年中和年底两次检查评估，评估方法主要有问卷调查法、访谈法和考察法等。

1. 问卷调查法。根据《厂务公开民主管理工作评估标准》，由部室和基层单位来评估。

2. 访谈法。通过与被调查者（基层单位或部室）进行小组交流，包括个别交流和集体访谈。以交流的方式了解厂务公开各项工作现状，可弥补问卷调查的不足。

3. 考察法。通过考察公开栏、台账等，直接感知与记录正在发生的一切同评估对象与评估目的有关的厂务公开民主管理事实的一种方法。

四、补充说明

（一）厂务公开管理总体情况

厂务公开作为公司的内在行为，充分发挥厂务公开体系的优势，不断充实厂务公开的内容，深化公开的内涵，通过厂务公开不断推进公司生产经营管理，促进企业的和谐发展。

（二）厂务公开管理的主要做法

1. 目标体系公开。将全年工作目标通过职代会传递给全体职工。

2. 考核体系公开。通过建立完善的考核体系，结合绩效管理，发挥考核公开的激励作用，使各项工作从定性向定量过渡，建立经济责任制考核体系，通过开展每月的经济责任制考评考核、每季岗检评比考核和年终总评工作考核公开。

3. 选人用人公开。公司公开招聘部分管理岗位，即把竞争作为检验人才、发现人才、选拔人才的重要手段，实行班组长、管理人员、基层副职以上人员三个层面的公开招聘和选拔。

4. 职工利益的焦点公开。对于涉及职工切身利益和容易产生思想情绪的焦点问题，力求公平、公正、公开，稳定职工思想。

5. 经营管理的难点公开。公司谨慎把握好生产、销售、工程项目招投标等职工颇为关注的问题，完善管理制度，严格执行工程审批程序，把好关键环节。

（三）实施以来收到的成效

1. 通过把厂务公开与公司党的建设、领导班子建设、职工队伍建设、深化公司改革、加强管理、提高效益等工作有机结合起来，使厂务公开更加贴近公司实际，更加贴近要害问题，更加贴近公司改革发展和生产经营现状，逐步走向规范化和制度化。

2. 探索职工民主决策、民主管理和民主监督的新的实现形式以来，重点解决职工最为关心、最为敏感、最想知道和意见最大的问题，由过去单纯涉及职工工资福利待遇等切身利益的问题向公司的经营管理领域延伸，使职工与企业之间关系更加和谐，把厂务公开不断引向深入。

（四）典型案例

2022 年，公司在探索新的选人用人机制时，先把有关改革方案、报告提前发到职工代表手中，又以无记名投票的方式向全公司职工发放调查问卷 500 多份，征求修改意见 16 条，编写宣传提纲 8 期，分层次、全方位，利用多种形式和渠道，做了大量宣传教育引导工作，在全公司形成浓厚的舆论氛围，使职工充分了解建立职工动态管理机制的目的、做法和意义，并经职代会审议通过。积极稳妥地实行劳动组合，岗位双向选择，逐步建立起"岗位靠竞争、收入凭贡献、在岗要受控、末位要淘汰"和"三员（优秀职工、合格职工、试岗职工）并存""三岗（上岗、降岗、下岗）并转"的新型用人分配机制。其间，对部分岗位进行招聘，做到岗级、标准、数额、程序、结果"五公开"，通过公开招聘、考试考核、竞争答辩、组织考察等，11 名职工走上新的岗位。作为用人分配机制改革，其目的是调动发挥职工的积极性、主动性和创造性，真正实现一种良性的竞争机制，从而促进企业的改革与发展，但若处理不好，便会影响到职工的情绪，甚至影响企业稳定。正是由于实行厂务公开机制，让广大职工参与，给职工以知情权，并通过释惑解疑，理顺情绪，从而获得广泛的群众基础，保证动态管理机制积极稳妥、循序渐进地推行。

思考题

1. 推行厂务公开的指导原则和总体要求是什么？

2. 厂务公开的主要内容和实现形式分别是什么？

3. 职工代表如何在推行厂务公开工作中发挥积极的作用？

第四章

职工代表参与平等协商集体合同签订工作

　　平等协商集体合同制度是维护职工合法权益的重要机制，而职工代表又是职工群众利益的表达者和维护者。因此，职工代表应努力熟悉这一制度，掌握实施方法，提高工作能力，积极参与、大力推动平等协商集体合同工作的开展。

第一节　平等协商集体合同的原则和内容

一、平等协商集体合同的概念

平等协商，是指用人单位与本单位职工（或者工会代表职工与企业代表组织之间）就有关签订集体合同或专项集体合同以及确定相关事宜而进行的商谈交涉行为。

集体合同，是指用人单位与本单位职工（或者工会代表职工与企业代表组织之间）根据法律、法规、规章的规定，就劳动报酬、工作时间、休息休假、劳动安全卫生、职业培训、保险福利等事项，通过平等协商签订的书面协议。

二、开展平等协商集体合同工作应遵循的原则

（一）合法原则

订立集体合同是一种法律行为，必须遵循合法原则。合法主要包括订立程序和合同内容合法两个方面。

集体合同订立程序合法，是指当事人双方在集体合同平等协商、签字、登记等各个环节上，符合法律有关规定。

集体合同内容合法，是指集体合同的各项条款，必须符合我国法律、法规的有关规定。符合法律规定并不等于照搬法律规定，而是指集体合同的内容不应与国家法律、法规相抵触。

订立集体合同只有遵守合法原则，才能得到国家的认可，集体合同才具有法律效力。

（二）相互尊重、平等协商原则

当事人地位平等。集体合同当事人，不论是公有制企业还是外商投资企业、股份制企业、私营企业，在签订集体合同的过程中，都处于平等的地位，而不存在隶属关系。

另外，集体合同是当事人双方意思表示一致而达成的协议。协商是我国处理劳动关系的重要方式，也是签订集体合同的基础。当协商不能取得一致意见时，应申请当地政府组织有关各方协调处理。

（三）诚实守信、公平合作原则

诚实守信，是指集体合同的当事人在订立、履行合同中应当讲诚实、守信用，善意地行使权利履行义务，不得规避法律和合同义务。

公平合作原则，就是要求双方当事人应该以诚实、公平和合作的态度进行平等协商、签订并履行集体合同。

（四）兼顾双方合法权益原则

要求平等协商和集体合同的结果既要有利于维护劳动者的合法权益，又要有利于用人单位的发展。这就要求劳动关系双方从用人单位的实际出发，通过平等协商，针对用人单位劳动关系的现状和发展水平，制定基本劳动标准和劳动条件，形成互谅互让、共谋发展的基础，实现劳动者与用人单位"共赢"的目的。

（五）不得采取过激行为

在平等协商、签订集体合同的过程中，难免会发生因协商议题未达成一致，或因集体合同履行出现违约以及其他纷争而引发的劳动争议。劳动关系双方在协商及合同履行过程中发生争执，应当在法律规定的范围内进行调处，不得采取过激行为。

三、集体合同的主要内容

集体合同内容的核心部分是劳动条件和标准。根据《劳动法》《工会法》以及劳动和社会保障部颁布的《集体合同规定》等有关法律法规的规定，集体合同的内容主要包括实体性规定和程序性规定两个方面。实体性规定主要是劳动条件和标准，程序性规定主要是与劳动管理、平等协商和集体合同有关的规定。

（一）有关劳动标准和劳动条件的内容

1. 劳动报酬

劳动报酬最主要的是工资分配问题，这是劳动标准的核心内容，一般每年至少协商一次。

主要包括：（1）用人单位工资水平、工资分配制度、工资标准、工资分配形式和企业最低工资标准；（2）工资支付办法；（3）加班、加点工资及津贴、补贴标准和奖金分配办法；（4）工资调整办法；（5）试用期及病、事假等期间的工资待遇；（6）特殊情况下职工工资（生活费）支付办法；（7）其他劳动报酬分配办法。

2. 工作时间

主要包括：（1）工时制度；（2）加班加点办法；（3）特殊工种的工作时间；（4）劳动定额标准。

3. 休息休假

主要包括：（1）日休息时间、周休息日安排、年休假办法；（2）不能实行标准工时职工的休息休假；（3）其他假期。

4. 劳动安全卫生

主要包括：（1）劳动安全卫生责任制；（2）劳动条件和安全技术措施；（3）安全操作规程；（4）劳保用品发放标准；（5）定期健康检查和职业健康体检。

5. 补充保险和福利

主要包括：（1）补充保险的种类、范围；（2）基本福利制度和福利设施；（3）医疗期延长及其待遇；（4）职工亲属福利制度。

6. 女职工和未成年工的特殊保护

主要包括：（1）女职工和未成年工禁忌从事的劳动；（2）女职工的经期、孕期、产期和哺乳期的劳动保护；（3）女职工、未成年工定期健康检查；（4）未成年工的使用和登记制度。

7. 职业技能培训

主要包括：（1）职业技能培训项目及年度计划；（2）职业技能培训费用的提取和使用；（3）保障和改善职业技能培训的措施。

（二）有关劳动管理的内容

1. 劳动合同管理

主要包括：（1）劳动合同签订时间；（2）确定劳动合同期限的条件；（3）劳动合同变更、解除、续订的一般原则及无固定期限劳动合同的终止条件；（4）试用期的条件和期限。另外，应对劳动合同的必备内容条款、变更或解除劳动合同的补偿标准等作出规定。

2. 用人单位裁员

主要包括：（1）裁员的方案；（2）裁员的程序；（3）裁员的实施办法和补偿标准。另外，应对企业职工分流安置的方案、程序和实施办法等作出规定。

3. 用人单位对职工的奖惩

主要包括：（1）劳动纪律；（2）考核奖惩制度；（3）奖惩程序。另外，还应包括企业重要的规章制度。

（三）有关程序性规定的内容

1. 集体合同期限

集体合同必须是有固定期限的。一般为一至三年，也可以以完成一定目标为限。但其中工资部分应该每年进行协商修订。集体合同期满或双方约定的终止条件出现，即行终止。集体合同期满前三个月内，可提出续订或重新签订的要求。除以上情况外，任何组织和个人不得随意变更集体合同。

2. 变更、解除集体合同的条件和程序

（1）变更、解除集体合同的条件

①用人单位因被兼并、解散、破产等原因，致使集体合同无法履行的。

②因不可抗力等原因致使集体合同无法履行或部分无法履行的。

③集体合同约定的变更或解除条件出现的。

④法律、法规、规章规定的其他情形。

（2）变更、解除集体合同的程序

变更或解除集体合同的程序与平等协商的程序相同。

3. 履行集体合同发生争议时的协商处理办法

包括协商处理争议的参加人员、范围、原则、程序、办法以及申请仲裁的条件等。

4. 违反集体合同的责任

包括集体合同履行情况的监督检查组织、制度和方法，违反集体合同的督促整改办法，违约责任认定和处理办法等。

（四）双方协商约定

集体合同除以上内容外，双方还可以从实际出发，通过平等协商，共同约定一些其他内容，举例如下。

1. 企业劳动争议的预防和处理

包括劳动争议预警的措施、办法和制度，劳动争议调解的组织、制度、程序和处理办法等。

2. 职工民主管理

包括企业职工民主管理的组织形式、内容、程序、职权范围及厂务公开制度、职工代表参加董事会和监事会制度等。

3. 工会工作

包括工会的权利义务、工会财产和经费拨缴、工会办公和开展活动必需的设施和场所、工会活动时间、工会干部的待遇和权益等。

第二节　平等协商集体合同的签订程序与监督检查

一、平等协商集体合同的签订程序

（一）平等协商集体合同的签订程序

包括三个阶段。

第一，准备阶段。

1. 宣传发动

主动向企业行政领导和职工宣传有关法律、法规。

2. 依法产生协商代表

一是平等协商的双方协商代表人数应当对等。每方 3～10 名，并各确定一名首席协商代表。双方协商代表不得相互兼任。二是职工方协商代表产生有两种方法：①已建工会的企业职工一方首席代表应当由工会主席或者工会主席书面委托的代表担任，其他代表由工会确定；②没有建立工会的企业，职工一方代表由职工民主推举产生，并应当有半数以上职工同意。首席代表由参加协商的代表推举产生。三是用人单位协商代表的产生方法。协商代表由法定代表人或者主要负责人指定。首席代表由法定代表人或者主要负责人担任，或书面委托本单位其他负责人担任。四是双方可以聘任本单位以外的有关专业人员作为本方协商代表参加协商。但所聘人数不得超过本方协商代表的 1/3。五是双方可以各自确定候补协商代表 1～2 名。其产生的程序、任期与协商代表相同。协商代表出缺时，由候补协商代表递补。

3. 确定协商议题

深入调查研究，根据大多数职工的意愿，确定平等协商的主要内容和议题。对个别职工提出的一时难以满足的要求，做好说服解释工作。

4. 起草合同文本

根据协商议题，收集平等协商的有关情况资料，起草集体合同草案。草案可以由一方起草，也可以由双方共同起草。

第二，协商阶段。

1. 平等协商

平等协商采取协商会议的形式，由双方人数对等的正式代表参加，其基本议程如下。

（1）确定协商会议主持人。协商会议由双方首席协商代表召集和主持，也可以经双方协商代表同意邀请当地人力资源和社会保障行政部门的人员主持协商会议。

（2）宣布协商会议议程、协商规则和纪律。

（3）协商发起方首席代表介绍集体协商的准备过程、协商的主要内容和要求、提出议案的理由和依据。

（4）协商受约方首席代表就对方提出的要求作出回应。

（5）全体代表讨论。本着互相信任、以诚相待和良好的合作态度，充分发表意见。

（6）平等协商一般按照双方商定的方案，对协商内容逐条进行商议确定。在协商中，任何一方均可提议增加新的协商内容，但一般在原定议题协商完毕后，再就新增内容进行商议。

（7）双方首席代表归纳协商意见，就协商一致的意见提出共同确认的表述方法。

（8）视协商的具体情况和需要，可进行一轮或多轮。

2. 职代会审议通过

集体合同草案形成后，要经过职代会（职工大会）讨论通过。经全体职工代表（职工）半数以上同意，即获通过。未获通过的草案，由用人单位和职工方协商代表重新协商修改后，再次提交职代会（职工大会）讨论。

3. 双方代表签字

用人单位和职工方的首席协商代表应当在通过的集体合同上签字、盖章。

第三，送审阶段。

1. 报送审核

集体合同签订后，用人单位应当在 7 日内将集体合同文本一式三份以及有关资料报送当地人力资源和社会保障行政部门。人力资源和社会保障行政部门在收到文本之日起 15 日内将《审查意见书》送达用人单位。如未提出书面异议的，集体合同即行生效。人力资源和社会保障行政部门提出异议的，用人单位与本单位职工经集体协商重新签订集体合同后，需重新报送审查。

2. 公布结果

用人单位应当自集体合同生效之日起 10 日内，以书面形式向全体职工公布。

（二）工会在集体协商中的工作

1. 提出要约

按照规定，工会或企业均可以以书面形式向对方提出平等协商的要求，另一方在收到协商要求之日起 20 日内给予回复，无正当理由不得拒绝进行平等协商。在实践中，一般情况是由工会方向企业方主动提出要约。企业方应约后，双方共同商定召开协商会议的时间、地点、参加人员、协商议程等程序性规定，并以书面形式记录在案。如是企业方提出协商要求，工会方应该对企业方提供的协商方案进行认真研究，积极应对。对议题存有较大分歧意见，或认为有些问题不具备进行协商的条件时，工会方应向企业方提出自己的意见和建议，充分说明事实和理由，取得对方的理解。

双方都要尊重对方提出的协商要求，尽快作出回应。许多企业由于工会方进行了协商前的沟通和协调，所以工会方提出要约后，双方比较顺利地进入协商会议准备工作。有的企业方拒绝工会方提出协商要求或出现签订集体合同纠纷，工会方经协商不成，可由党组织进行协调，或请上级工会帮助解决，督促企业整改，必要时可以通过劳动争议调解和仲裁的方式解决。对于区域性行业性平等协商，因协商的问题涉及面广，情况较复杂，工会方要向企业方积极做工作，加强与企业组织和企业主的沟通与协调，使其接受和支持工会提出的协商要求。同时还可依托三方机制来推行区域性行业性平等协商制度。

2. 正式协商

按照规定，平等协商主要采取协商会议的形式，由双方人数对等的正式代表参加，协商会议由双方首席代表轮流主持。由于会议主持人在一定程度上掌握着会议的主动权，关系到协商会议的效率和发展方向，所以由双方首席代表轮流主持协商会议，可以体现协商双方主体地位平等，有利于相互尊重，平等合作，保证协商会议公平、公正地进行。目前，有的地方将区域性行业性平等协商与该区域的劳动关系三方协调会议结合进行，三方代表参加协商。一般由政府方的代表主持协商会议，由工会方和企业方的代表在协商一致后签订集体合同或专项集体协议。这是平等协商机制区域发展的新形式，这种协商方式不会影响工会与企业主体双方的法律地位，政府方的参与有利于协调矛盾，引导双方处理好各种利益关系，促进双方的合作，建立企业和本地区和谐稳定的劳动关系。

工会参加协商会议的程序如下。（1）宣布议程、协商规则和会议纪律。（2）要约方的首席代表介绍平等协商的准备过程、协商的具体内容和要求、提出协商议案的理由和依据。受约方首席代表就对方的要求作出回应。（3）协商双方就商谈事项发表各自的意见，开展充分讨论。（4）双方首席代表归纳意见，就达成一致的意见提出共同确认的表述方法。（5）形成集体合同草案或集体协议。

协商会议一般按照双方商定的协商议题进行，视商议的具体情况，进行一轮或多轮的协商。在协商过程中双方均可提议增加新的协商内容，但应在原定议题协商完毕后，再就新增内容进行商议。每次协商会议的结果都要记录在案，由双方首席代表签字确认。

3. 协商结果

（1）工会与企业协商一致，签订集体合同或专项集体合同。

实践中，许多企业在正式协商前就准备了集体合同草案，以便在协商时有一个基本的方案。双方围绕集体合同草案展开讨论，对具体条款进行修改、补充和完善，协商一致后签订集体合同或专项集体合同。集体合同草案也可以在正式协商后进行，将双方达成一致意见的议题形成正式的集体合同草案。起草集体合同草案可以由双方指派代表组成起草小组共同完成，也可以委托工会或企业方起草。通常情况是由工会主动承担起草工作，这样做有利于工会方掌握工作的主动权，可以在起草过程中充分吸收广大职工的意愿和要求，也有利于在职工代表大会或职工大会上审议通过。

（2）平等协商未能达成一致意见或出现事先未预料的问题时，经双方同意，中止协商。

中止期限及下次协商的时间、地点、内容由双方商定。《集体合同规定》没有规定中止协商的期限，按惯例中止期限一般最长不超过60天。在中止协商期间，工会要多做调查研究，加强各方的磋商与协调，找准突破口，寻求结合点，积极创造条件恢复平等协商。双方对不能确定的问题，可以向劳动保障部门、上级工会、企业主管部门和企业组织等进行咨询，取得指导帮助，或申请协调。

二、集体合同的监督检查

（一）集体合同监督检查的内容

1. 集体合同监督检查的概念

宏观的集体合同监督检查，是指各级人大、政府劳动保障部门及工会、企业组织，依照法定权利和程序，对集体合同立法、实施、管理以及履行情况等全部活动进行监察、督导，纠正并处分违反法律、不履行集体合同行为的总称；微观的集体合同监督检查，是指平等协商的主体双方即工会及其代表的职工和企业行政方面，通过建立相应的组织和制度，对集体合同签订和履行情况进行的监督检查。

2. 集体合同监督检查的内容

（1）集体合同签订过程中的监督检查。主要是监督检查协商代表的产生、构成和资格的有效性；协商程序和集体合同内容是否符合国家与地方的法律法规和有关政策；平等协商、职代会审议、签订集体合同、报送审查、公布生效的情况。（2）集体合同履行过程中的监督检查。主要是监督检查集体合同履行情况、存在问题和整改措施的落实情况；集体合同变更、解除、终止、争议处理情况；企业、工会和职工在集体合同履行中行使权利和承担义务的情况，违约责任的追究等。

3. 集体合同监督检查的主体

（1）企业内部监督检查的主体。企业内部的监督检查主体是企业行政、工会和职工。工会在行使监督检查职权时，要依托职代会，充分发挥职工群众监督的作用。（2）企业外部监督检查的主体。《集体合同规定》第七条规定：县级以上劳动保障行政部门对本行政区域内用人单位与本单位职工开展集体协商、签订、履行集体合同的情况进行监督，并负责审查集体合同或专项集体合同。因此，企业外部监督检查主体是政府的劳动保障行政部门，以及与之相应的劳动法律执法检查和集体合同监督检查组织。实践表明，对集体合同进行监督检查只有企业行政、工会和职工是不够的，尤其对非公有制小企业，加强企业外部的监督检查十分必要。工会要借助劳动保障行政部门的劳动监察，以及人大的执法检查，重视和发挥协调劳动关系三方机制作用，形成集体合同外部监督约束机制。

(二) 集体合同监督检查的组织形式

1. 企业集体合同监督检查委员会

委员会或监督检查小组由企业行政和工会共同组成，并制定相应的制度和实施细则。委员会（小组）根据企业的管理体制和治理结构分级设立，由企业行政和工会负责人及职工代表组成，工会和行政负责人兼任正副主任，工作机构设在工会。委员会（小组）对本企业集体合同履行情况进行定期检查和专项检查，并及时将检查情况向企业行政和工会报告。通过检查，督促有关部门落实集体合同的各项条款，对存在的问题提出整改意见，并具体落实到责任部门。对拒不履行集体合同的行为提出追究违约责任的意见和建议。

2. 职工代表大会专门工作委员会

职代会制度是集体合同工作的重要载体，依托职代会制度加强对集体合同履约的监督检查是职工民主监督的主要任务。企业职代会可以建立集体合同工作专门委员会，由职工代表选举产生，负责组织职工代表参与集体合同履行情况的监督检查和巡视活动。对职工群众普遍关注的问题和劳动关系中的突出矛盾进行专题检查，对职工代表大会负责并报告工作。

3. 区域性行业性集体合同监督检查组织

适应我国区域性行业性集体合同制度的发展要求，由区域或行业工会和区域企业组织或行业协会有关人员，吸收企业和职工代表组成，对区域性行业性集体合同所覆盖的企业履行集体合同情况进行定期和不定期的检查，及时发现和协调解决集体合同履行中的问题，加大区域性行业性集体合同的履行力度，督促集体合同所规定的劳动标准和劳动条件在其所覆盖的各企业的落实。

4. 三方联合监督检查组织

由相应一级的劳动保障部门、工会组织和企业代表组织三方共同组成联合监督检查组织，有针对性地开展集体合同工作联合检查活动，形成三方协调联动机制，推动企业建立健全集体合同制度，提高建制率，扩大覆盖面，增强实效性。重点是加强集体合同的履约监督，保障集体合同的有效实施，充分发挥集体合同的作用。

（三）建立和完善集体合同的监督检查制度

加强集体合同履行的监督检查要有相应的制度保证，实现监督检查工作的制度化、规范化、法治化。当前，要着重建立以下制度。

1. 履行情况报告制度

企业行政是履行集体合同的主体，有义务将集体合同实施情况定期向职工代表大会报告，接受职工群众的监督。

2. 履约责任制度

企业要把集体合同内容和履约责任逐项分解落实到企业有关职能部门和分厂（车间）、班组，使之与经济责任制、岗位责任制和目标管理责任制相结合，纳入企业管理制度之中，进行严格考核，并建立奖惩和责任追究制度。

3. 信息通报制度

加强集体合同履约的监督检查，要求畅通信息渠道，及时通报情况，沟通信息，交换意见。

4. 整改建议制度

在监督检查活动中，对集体合同履行中存在的问题提出整改意见，下达整改建议书，督促企业限期整改并反馈整改情况。对拖延不改的，应追究其违约责任。

5. 职工举报制度

职工群众的监督是最直接最有效的监督，工会要依靠职工群众加强对集体合同履行情况的监督检查，做好职工举报材料的分析、整理、调查、处理工作，并建立档案管理制度。

三、集体合同争议处理

（一）集体合同争议的概念

指平等协商、签订集体合同的双方当事人因签订和履行集体合同发生的纠纷。集体合同争议可分为两种。一是在协商阶段，双方对集体合同内容的争议，即双方当事人就确定集体合同的劳动标准和条件方面产生的分歧。这种争议是利益之争，处理方式是协商和协调解决。二是在协商前和集体合同履行阶段发生的争议，即一方当事人无正当理由拒绝平等协商或双方当事人对集体合同是否履行或完全履行，应当由哪一方承担责任和承担多少责任产生的分歧。这种争议是权利之争，处理的方式是调解、仲裁和提起法律诉讼。

（二）集体合同争议处理的程序

1. 集体合同争议调解程序

根据《集体合同规定》，在集体协商过程中发生的争议和因履行集体合同发生的争议，应按照以下方式进行：双方当事人不能协商解决的，当事人一方或双方可以书面向劳动保障行政部门提出协调处理申请；未提出申请的，劳动保障行政部门认为必要时也可以进行协调处理。

对于跨地区中央企业的集体合同争议处理，在实践中原则上由企业所在地的劳动保障行政部门或地方劳动争议处理机构协调处理。必要时，企业所在地的省市劳动保障行政部门与相应的劳动争议处理机构、企业上一级集团公司的有关部门共同参与协调处理。

2. 协调处理集体协商争议应当按照程序

（1）受理协调处理申请；（2）调查了解争议的情况；（3）研究制订协调处理争议的方案；（4）对争议进行协调处理；（5）制作《协调处理协

议书》。根据规定，协调处理集体协商争议，应当自受理协调处理申请之日起 30 日内结束协调处理工作。期满未结束的，可以适当延长协调期限，但延长期限不得超过 15 日。按照《集体合同规定》，因履行集体合同发生的争议，当事人协商解决不成的，可以依法向劳动争议仲裁委员会申请仲裁。

3. 集体合同争议仲裁程序

集体合同仲裁是当事人双方在平等协商和履行集体合同过程中发生争议，调解不成时，可以由任何一方或双方提请劳动保障行政部门进行争议裁决的法律行为。集体合同争议仲裁按照三方性原则，由政府劳动保障行政部门、工会组织和企业代表组织三方组成的仲裁委员会裁决，仲裁机构一般设在劳动保障行政部门。当事人对裁决不服的，可以自收到裁决书之日起 15 日内向法院提起诉讼。

（三）企业工会在集体合同争议处理中的注意事项

1. 加强工会组织建设

特别是要做好工会社团法人登记，依法取得社团法人资格，明确其具有独立承担民事责任能力，有权代表职工行使提请争议调解和仲裁的权利。工会作为社团法人，代表职工行使诉权，必须依法办理社团法人资格证书、代码证，建立独立账号。

2. 签订规范的集体合同

集体合同是争议调解、仲裁的基础和依据。集体合同内容和签订程序必须符合法律法规和政策，符合企业实际，做到程序规范、内容具体、标准量化、权责明确，一旦发生集体合同争议就有进行调解和裁决的依据。例如对于企业多年来累计拖欠职工的工资和医药费、欠缴的各项社会保险费、企业内部的集资款、失业并轨后的经济补偿金等都要理清底数，在集体合同中明确规定具体的偿还计划、时限和措施等。对职工的招用和待遇，企业富余职工的下岗分流、安置、辞退或者解除劳动关系等，亦要在集体合同中有明确的约定，并按规定做好集体合同的送审和登记备案工作。

3. 代表职工提请仲裁

工会要积极督促企业履行集体合同。当发生争议时，主要通过协商来解决，协商不成时，要主动向劳动保障行政部门和上级工会申请调解。必须提请劳动保障行政部门仲裁时，工会应召开职工代表大会讨论，充分听取职工群众的意见，形成共同意愿，通过民主程序做出提请仲裁的决议。同时，准备好提请仲裁所需的法规依据、相关文件，提供翔实的情况资料、法律文书和说明等。必要时，还可以提请上级工会的指导帮助或法律援助，以保证集体合同仲裁的合法性、准确性，提高仲裁的胜诉率。

第三节　工资集体协商制度

一、工资集体协商的概念

工资集体协商是指职工代表与用人单位代表依法就企业内部工资分配制度、工资分配形式、工资支付办法、工资标准等事项进行平等协商，在协商一致的基础上签订工资协议的行为。

中共中央、国务院印发了《关于构建和谐劳动关系的意见》（以下简称《意见》），《意见》指出，要以非公有制企业为重点对象，依法推进工资集体协商，不断扩大覆盖面，增强实效性，形成反映人力资源市场供求关系和企业经济效益的工资决定机制和正常增长机制。同时，为了确保职工工资的稳定增长，确定工资增长标准参考机制，《意见》还指出，要完善工资指导线制度，加快建立统一规范的企业薪酬调查和信息发布制度，为开展工资集体协商提供参考。此外，针对当前我国企业的用工特点及职工权益保障的薄弱领域，《意见》还指出，要推动企业与职工就工作条件、劳动定额、女职工特殊保护等开展集体协商，订立集体合同等。加强集体协商代表能力建设，提高协商水平。加强对集体协商过程的指导，督促企业和职工认真履行集体合同。

这也就是说，基本的薪资不能拖欠，工资还要有正常的增长机制。工资的增长一方面要有工资指导线制度作保障，另一方面还要员工集体协商，共同制定。

二、工资集体协商的内容和形式

（一）工资集体协商的内容

1. 用人单位的工资水平、工资分配制度、工资标准和工资分配形式。

2. 工资支付办法。

3. 加班、加点工资及津贴、补贴标准和奖金分配办法。

4. 工资调整办法。

5. 试用期及病、事假的工资待遇。

6. 特殊情况下的职工工资（生活费）支付办法。

7. 其他劳动报酬分配办法。

（二）工资集体协商的形式

工资集体协商的形式有企业工资集体协商、区域性行业性工资集体协商等。企业工资集体协商是以企业为单位，由企业工会代表职工与企业代表依法进行工资集体协商，签订本企业工资集体协议。区域性工资集体协商是以行政区域为单位（如区、镇、村、街道、经济开发区等），由区域工会组织与相应的区域企业组织或企业方推选产生的代表，依法进行工资集体协商，签订覆盖本地区所有企业的区域性工资集体协议。行业（产业）性工资集体协商是以行业（产业）为单位，由行业（产业）工会组织与相应的行业协会、企业组织或由企业方推选产生的代表，依法进行工资集体协商，签订覆盖本行业（产业）所有企业的行业（产业）性工资集体协议。企业工资集体协议确定的工资标准等内容，不得低于区域性行业性工资集体协议的规定。

三、工资集体协商的程序

（一）选派好职工协商代表

协商代表，是指依照法律规定产生并能够切实代表各自主体方利益参加集体协商的人员。

职工协商代表，是指按照法定程序产生并有权代表职工方的利益，进行平等协商的人员。

根据《集体合同规定》，用人单位一方的协商代表由用人单位法定代表人指派，职工一方的协商代表由本单位工会选派。未建立工会的由本单位职工民主推荐，并经本单位半数以上职工同意。工会选派职工协商代表要经过一定的民主程序，得到大多数职工的认可，真正代表广大职工的意愿和要求。工会选派职工协商代表时，要充分注意代表的广泛性、全面性和代表性，如科技人员、管理人员、一线职工，不同岗位工种、不同年龄性别、不同文化学历的职工等，都要统筹考虑。参加工资集体协商的职工代表要具备一定的理论政策水平和相关的知识，熟悉有关法律、法规和政策，懂得企业经营管理基本知识，了解本企业生产经营状况，具备一定的协商谈判能力和水平，在职工群众中有较高的威信。在进行工资协商前，要对职工代表进行培训，统一思想，明确分工，协调行动。

（二）掌握有关资料，拟订协商方案

根据《工资集体协商试行办法》，双方提供与工资协商有关的情况和资料。同时，工会应根据工资协商的需要，收集有关的情况资料，主要包括：国家和地方政府有关的法律法规和政策规定；有关劳动就业、劳动报酬、工作时间、休息休假、劳动安全卫生、保险福利等劳动条件标准；与本企业有关的国家宏观经济调控政策和劳动管理政策；国家和本地区的有关工资指导线、劳动力市场工资指导价位、物价和消费价格指数、最低工资标准、就业状况等数据资料；本地区和同行业的职工平均工资、人均消费水平和其他劳动条件标准执行情况；本企业依法制定的厂规厂纪、制度

办法等；本企业生产经营状况、计划指标、劳动生产率、人均收入等情况。在充分收集和研究分析有关资料的基础上，研究制定工资协商议题和方案，一般应准备三套工资协商方案，即最高方案、中间方案和最低方案，做到争取最好结果，坚守协商底线。

（三）发出要约，进行协商

根据《集体合同规定》，任何一方均可就签订工资专项集体合同及相关事宜，以书面形式向对方提出协商要求。一方提出协商要求，另一方应在收到书面要约之日起 20 日内给予回复，无正当理由不得拒绝。协商要约一般由工会主动发出，书面要约应写明协商的时间、地点、内容等，另一方应在 20 日内予以书面答复。收到书面答复后，双方进行正式协商。根据协商的具体情况和需要，可进行一轮或多轮协商。每次协商会议都要做好记录，由双方首席代表签字确认。如在协商中未能达成一致意见或出现事先未预料的问题时，经双方同意，可以中止协商，具体中止期限及恢复协商的时间、地点、内容由双方共同商定。协商中止期间，双方对不能确定的问题，可向企业主管部门、上级工会和劳动行政部门进行咨询，也可申请予以协调，取得指导。

（四）签约、报备和公布

经协商达成一致后，形成工资专项集体合同草案，提交职工代表大会或职工大会讨论通过，由双方首席代表签字，于 10 日内报送劳动保障部门审查备案。劳动保障部门自收到文本之日起 15 日内未提出异议的，工资专项集体合同即行生效。工资专项集体合同生效后，要及时以适当形式向全体人员公布。

在实际工作中，有些企业工会在正式协商前，会与用人单位就工资协商议案事先进行沟通和协调，基本达成一致意向后，再进行正式协商，有利于双方的相互理解，保证协商的顺利进行。

四、职工代表在参加工资集体协商工作中应该注意的问题

（一）在工资集体协商开展前应注意把握的问题

在工资集体协商开展前做好准备工作是保证工资集体协商取得积极进展、富有成效的基础和前提。做好准备工作要从影响工资集体协商的各种因素开始。企业外部因素有国家、地区有关社会经济和收入方面的政策法规，劳动力供求状况，当地城镇居民消费价格指数，地区、行业职工平均工资水平等。企业内部因素有企业劳动生产率和经济效益情况、人工成本水平、企业工资支付能力，以及企业内部工资集体协商的认识水平，协商代表的能力、素质等。做好准备工作，就是要对上述影响工资集体协商的企业内外部因素状况及其作用有一个比较全面的了解、分析和评估，据此来把握工资集体协商的时机，找准企业分配制度的弊端和职工最关心的具体工资问题，明确工资集体协商的立场、目的、态度，制定工资集体协商的周密方案。

要做好这些细致复杂的工作，参加工资集体协商的职工代表必须要做到四点。

1. 要树立起高度的事业心和责任感

以对职工群众切身利益高度负责的精神，不怕困难，认真扎实做好各项具体工作。

2. 要努力提高自身素质

除政治素质外，主要是增强知识素质和专业素质。为此，职工协商代表必须努力学习掌握相应的工资理论、工资业务和有关法律法规政策知识。同时对社会、行业、企业，以及职工涉及工资方面的情况、信息要留心观察和详细了解，并下功夫认真钻研。只有做到情况熟悉、判断准确，才能形成比较完善的解决问题的方案。

3. 要密切联系职工群众

职工协商代表是代表职工进行工资集体协商的，因此，必须要对职工

群众的愿望要求有透彻的了解，这就需要经常保持与职工群众的沟通。沟通的关键是要增进彼此之间的了解，拉近双方的感情距离，使其毫无保留地说出内心的想法、意见和观点，通过沟通发现问题或找出解决问题的方法，达到有价值交流的目的。

4. 要学会处理同企业行政的关系

做好工资协商的准备工作离不开企业行政的理解和支持。不论是搜集信息、数据材料，还是确定工资协商方案，都需要征求企业行政的意见，得到企业行政的配合。因此，职工协商代表应采取多种形式和途径主动与企业行政沟通，尤其是对那些开展工资集体协商有看法、不热心的企业行政领导，更要注意做好深入细致的工作，使他们转变认识，走到支持配合的正确轨道上来。

总之，参加工资集体协商的企业职工代表，只有不断提高自身的素质和能力，才能适应工资集体协商准备工作的需要。

（二）在工资集体协商正式协商工作时应注意把握的问题

工资集体协商的核心是协商。参加工资集体协商的职工代表要严格遵守双方确定协商规则和纪律，履行代表的职责，对协商范围内的问题充分发表意见，积极开展同企业行政一方的协商。做好正式协商工作的关键是要注意掌握协商的方法、技巧，会为职工说话，善于实现既定目标。

在协商的内容上，既要注意到全面性、可行性、操作性，还要注意到原则性、灵活性。原则性，就是依法维护、全面维护，凡是行政经过努力可以办到的，就要据理力争。灵活性，就是对非实质性问题或经过行政努力不可能办到的问题，就得退让、放弃。在协商中还要善于用事实说话，用数据说话，做到有理有据地协商。在协商中还要坚持双赢原则，懂得换位思考，本着共谋企业发展的精神，对协商的问题站到行政的角度上去想一想，既要维护好职工的利益，又要顾及企业的利益，保持企业生产经营的可持续发展。在协商的方式上，要本着先易后难、循序渐进的要求进行，同时还要先考虑紧要问题，然后再照顾到非紧要问题。

在协商的方法上，要采用会上协商与会下沟通相结合的方法，特别要多采用会下沟通的方法。当协商出现分歧，进展困难时，更需要职工协商代表发挥智慧、策略和耐心。要切忌过激语言，讲究说话技巧，努力营造良好和谐的协商氛围。此外，还要注意把握好协商的节奏和进程。

（三）做好工资集体协商后监督检查工作应注意把握的问题

工资集体协议的签订并不意味着工资集体协商的结束，因此，对协议签订后的履行还必须进行监督检查。监督检查的内容包括：（1）对签订、履行工资协议过程是否符合国家法律法规及宏观经济政策的情况进行监督；（2）对工资协议订立条款的实际履行、兑现情况进行监督。通过监督检查，可以增强各个利益主体履行义务的自觉性和主动性，保证合同的全面履行，从而建立稳定协调的劳动关系，维护职工合法权益和企业利益。

监督检查重在机制建设。可建议由企业职工代表同企业行政共同建立工资集体协商监督检查小组，对工资协议履行情况实行定期不定期检查，发现问题及时予以纠正。要求财务部门提供与往年对照的工资总额数，了解奖金分配情况，对职工收入情况进行调查核实。定期召开不同类型、不同人员参加的座谈会，了解对工资协议兑现情况的意见和下一步的建议、要求等。要通过发挥这些机制的作用，增强企业履行义务的责任心和主动性，保证工资协议的履行，使工资集体协商取得实效并长期坚持下去。

（四）推动新就业形态劳动者集体协商制度

党的二十大报告提出，健全劳动法律法规，完善劳动关系协商协调机制，完善劳动者权益保障制度，加强灵活就业和新就业形态劳动者权益保障。集体协商在完善劳动关系协商协调机制方面的成效已被实践所证明，工会要加快实践的步伐，不断探索和充实，使其在维护新就业形态劳动者权益、促进新业态发展方面发挥更大作用。

全国总工会印发《关于推进新就业形态劳动者权益协商协调机制建设工作的通知》（以下简称《通知》），要求发挥全国工会组织系统合力，重点聚焦货运、网约车、快递、网约配送等行业的12家头部平台企业，推动建立与劳动者的协商协调机制，畅通和规范劳动者的诉求表达、利益协调通道，共同推进新就业形态劳动者权益保障水平提高。

针对推动平台企业与工会、劳动者建立协商协调机制，定期召开会议，就计件单价、抽成比例、报酬支付办法、劳动量与劳动强度、工作时间、劳动安全与卫生和订单分配、奖惩制度、补充保险等直接涉及劳动者权益的事项开展协商，保障劳动者的知情权、表达权和建议权。同时，以快递行业龙头企业为重点，推广京东集团集体协商模式，推动签订覆盖全国职工的集团集体合同，并探索将加盟企业等合作用工企业劳动者权益保护纳入协商议题。

企业总部所在地省（市）总工会要牵头组织召开平台企业与工会、劳动者代表的协商会议，并建立经费补贴机制，帮助劳动者代表切实履职。相关全国产业工会可在全国范围内选拔行业中政治可靠、代表性强的平台劳动者作为协商代表，优先从先进模范、"两代表一委员"中推选。首席协商代表可由平台企业工会负责人担任，或由全国、省级产业工会派员担任。

各省（区、市）总工会要因地制宜、一行一策，推进在地市级及以下层级工会组织与行业协会、平台合作用工企业开展集体协商、签订集体合同。在快递、网约配送行业，要着重就优化路线、派单量、在线时长、充电和休息场所、极端天气补贴等开展协商；在网约车、货运行业，着重就合理确定和调整信息服务费、会员费、计价规则、竞价机制、派单规则、能源价格等开展协商。

2021年，人社部、全总等8部门联合下发《关于维护新就业形态劳动者劳动保障权益的指导意见》，要求各级工会积极与行业协会、头部企业或企业代表组织开展协商，签订行业集体合同或协议，推动制定行业劳动标准。在全总和各级工会大力推动下，京东集团开展集体协商、签订《京东集团集体合同》《京东物流集体合同》，覆盖近30万名京东快递员、货车司机、仓储分拣员；饿了么、美团等平台企业相继与上海、北京的外卖配送员代表召开协商恳谈会，出台了一系列措施，提高了近20万名配送员的权益水平。

📖 **参考文本1**

签订集体合同的注意事项

签订集体合同对于职工的保护力度很大，最重要的地方在于集体合同把职工放到了一个和用人单位平等协商的位置上，从而排除了劳动合同签订中与用人单位对应的只是劳动者个人的弱势地位。集体合同签订的原则——平等协商、兼顾双方合法权益就体现了这一点。

双方协商代表人数要对等

集体协商代表是指按照法定程序产生并有权代表本方利益进行集体协商的人员。集体协商双方的代表人数对等，一般为3~10人，并各自确定一名首席代表。

选择协商代表体现民主

职工一方的协商代表由本单位工会征求职工意见后选派。未建立工会的，由本单位职工民主推荐，并经过半数以上职工同意。职工一方的首席代表由本单位工会主席担任或者由其书面委托的其他协商代表担任。工会主席空缺的，首席代表由工会主要负责人担任。未建立工会的，职工一方的首席代表由协商代表民主推举产生。

双方可"外聘"专家参加协商

在具体协商过程中，很多职工推选出来的代表可能并不太专业，对于相关的法律法规和具体应该争取的合法权益也不了解。对此，用人单位和职工一方可以委托本单位以外的有关专业人员作为本方协商代表参加协商，以提高双方协商内容的质量。只是委托人数不得超过本方协商代表的1/3，外聘人士也不得担任首席代表。

协商代表有"特别保护"

为了维护职工协商代表维护职工正当权益的积极性，职工一方的协商代表履行协商代表职责期间，用人单位不得随意变更职工协商代表的工作岗位。因工作需要确实需要变更的，应当事先征求本单位工会的意见，并征得职工本人的同意。职工一方的协商代表履行协商代表职责期间，劳动合同期限届满，协商代表本人要求顺延劳动合同期限的，用人单位应当将其劳动合同期限顺延至完成履行协商代表职责之时。职工一方的协商代表履行协商代表职责期间，除下列情形外，用人单位不得解除其劳动合同：

（一）严重违反劳动纪律或者用人单位依法制定的规章制度的；

（二）严重失职、营私舞弊，对用人单位利益造成重大损害的；

（三）被依法追究刑事责任的。

职工一方提出集体协商要求，企业无正当理由不得拒绝。集体协商双方的任何一方均可就签订集体合同相关事宜，以书面形式向对方提出集体协商要求。一方提出集体协商要求，另一方应当在收到集体协商要求之日起 20 日内给予书面答复，无正当理由不得拒绝或者拖延集体协商。一方就劳动报酬、劳动条件、裁减人员等事项要求集体协商的，另一方不得拒绝或者拖延。

协商结果要经过职工同意，经集体协商双方协商一致的，形成集体合同草案。集体合同草案应当提交职工代表大会、职工大会或者职工代表会议讨论。

职工代表大会、职工大会或者职工代表会议讨论集体合同草案，应当有 2/3 以上职工代表或者职工出席，并经全体职工代表半数以上或者全体职工半数以上同意，集体合同草案方可通过。

思考题

1. 集体合同的主要内容包括哪些？

2. 工资集体协商的内容和程序分别是什么？

3. 职工代表在参加工资集体协商工作中应该注意什么问题？

第五章

职工代表参与职工董事和职工监事工作

　　中共中央、国务院《关于构建和谐劳动关系的意见》指出，要推行职工董事、职工监事制度。按照《公司法》规定，两个以上的国有企业或者两个以上的其他国有投资主体投资设立的有限责任公司，其董事会成员中应当有公司职工代表；其他有限责任公司董事会成员中可以有公司职工代表。监事会应当包括股东代表和适当比例的公司职工代表。在董事会、监事会研究决定公司重大问题时，职工董事、职工监事应充分发表意见，反映职工合理诉求，维护职工和公司合法权益。

第一节 职工董事、职工监事的产生条件

一、成为职工董事、职工监事的条件

职工董事、职工监事制度，是依照法律规定，通过职工代表大会（或职工大会及其他形式）民主选举一定数量的职工代表，进入董事会、监事会，代表职工行使参与企业决策权利、发挥监督作用的制度。凡依法设立董事会、监事会的公司都应建立职工董事、职工监事制度。

（一）职工董事和职工监事的含义

职工董事、职工监事制度是职工董事、职工监事依法参与公司决策、行使监督权利的一系列法律、政策、规定的总称。

职工董事、职工监事是指依照法律规定，通过职工代表大会（或职工大会及其他形式，下同）民主选举产生，进入公司董事会、监事会，代表职工行使决策和监督权利的职工代表。

（二）职工董事和职工监事候选人的条件

1. 坚持党的基本理论、路线、方针和政策，熟悉并能够贯彻执行国家有关法律、行政法规和规章制度，具有一定政策水平和决策能力。

2. 积极开展工会工作，有强烈的事业心和工作责任感。

3. 具有现代企业专业知识，了解、熟悉企业生产经营管理、业务技术和相关的法律法规，有较强的参政议政和参与决策、实施监督的能力。

4. 密切联系群众，能够代表和维护职工的合法权益，善于表达职工意愿，受到职工群众的信赖和拥护。

5. 坚持原则，廉洁自律，忠于职守，为人正派，办事公道。

二、职工董事、职工监事的提名、选举、任期、罢免

(一) 提名

依据《公司法》的规定和中华全国总工会《关于加强公司制企业职工董事制度、职工监事制度建设的意见》的要求，职工董事、职工监事应当从公司同级工会负责人或者本公司其他职工代表中产生。职工董事、职工监事候选人的产生，应当在广泛听取职工群众意见的基础上，由公司工会提名，公司党委（党组）审核，并报有关部门。

(二) 选举

职工董事、职工监事依照法律程序，由公司职代会选举产生。从实践看，一般可参照下列程序进行。

1. 由公司工会根据职工董事、职工监事的规定比例和任职条件制定出选举、产生方案。

2. 在广泛征求职工意见的基础上，由公司工会委员会或职代会代表团（组）长联席会研究提出候选人名单，并报告公司党委（党组）。

3. 召开职代会，介绍候选人简历，采取无记名投票的方式进行选举。

4. 候选人必须获得全体会议代表过半数选票方可当选。

5. 职工董事、职工监事选举产生后，应报上级工会、有关部门和机构备案，并与其他内部董事、监事一同履行有关手续。

(三) 任期

1. 职工董事、职工监事的任期，与其他董事、监事相同。任期届满，可连选连任。

2. 自职工董事、职工监事任职之日起，其劳动合同自动延长至任期结束。职工董事、职工监事任职期间，公司不得因履行职务的原因解除其劳动合同。

3. 任期届满不再担任职工董事、职工监事的职工代表，公司单方面解除劳动合同时，应当事先将理由通知工会。工会认为公司存在有违反法

律、法规和有关合同等方面问题，而要求重新处理时，公司应当研究工会提出的意见，并将处理结果书面通知工会。未征求工会的意见，公司不得解除其劳动合同。法律和行政法规另有规定的除外。

4. 职工董事、职工监事离职的，其任职资格自行终止。职工董事、职工监事空缺应及时进行补选，空缺时间一般不超过三个月。

（四）罢免

职代会有权罢免职工董事、职工监事。罢免职工董事、职工监事，须由1/3以上的职工代表联名提出罢免案，同时写明罢免理由。职工董事、职工监事有下列行为之一的，可以对其提出罢免：

1. 职代会年度考核评价结果较差的；

2. 对公司的重大违法违纪问题隐匿不报或与公司串通编造虚假检查报告的；

3. 泄露公司商业秘密，给公司造成重大经济损失或严重损害的；

4. 以权谋私，收受贿赂，或为自己及他人从事与公司经营活动有利益冲突行为的；

5. 无故、借故不出席公司董事会、监事会会议或不向职工代表大会或职工大会报告工作达一年以上的。

罢免案经职代会审议后，由职代会主席团提请职代会全体会议表决。表决结果应当及时向与会的职工代表进行通报，并报有关部门备案。罢免职工董事、职工监事，必须经全体职工代表过半数通过。

三、职工董事、职工监事与职工代表大会的关系

职工董事、职工监事向公司职工代表大会负责。主要体现在以下几方面。

（一）充分听取职代会和职工代表的意见

职工董事、职工监事围绕公司董事会、监事会会议议题，在参与决策前，通过职工代表大会或参加职工代表团（组）长和专门小组联席会议等

形式，充分听取职工代表大会或职工的意见和建议。在参与决策过程中，要如实反映职工代表大会和职工的愿望和诉求，代表职工讲话。事先没有听取职工代表大会和职工意见的，事后要向职工代表大会报告，取得认可。

（二）定期向职代会报告工作

要定期向职工代表大会报告工作，接受职工代表大会的质询。职工代表大会有权对职工董事、职工监事的工作进行监督检查，每年对其履行工作职责情况进行民主评议。民主评议称职率低于50%或被评为不称职的职工董事、职工监事，应当向职工代表大会提出辞呈。从辞呈批准之日起，其任职资格自行终止，出现的空缺按有关程序重新补选。

（三）接受职工代表的监督

职工董事如在董事会上不能如实反映职工代表大会的决议、意见，职工代表应向职工董事提出警告。如果不接受警告，职工董事本人可以提出辞职，或者由职工代表大会依照民主程序罢免职工董事职务，并重新选举职工董事。职工董事和职工监事应参加或者列席职工代表大会主席团会议和职工代表团（组）长、专委会负责人联席会议。

第二节　职工董事、职工监事的权利、义务和职责

一、职工董事、职工监事的权利

根据《企业民主管理规定》的规定，公司制企业应当依法建立职工董事和职工监事制度，支持职工代表大会选举产生的职工代表作为董事会、监事会成员参与公司决策、管理和监督，代表和维护职工合法权益，促进企业健康发展。

（一）职工董事依法行使下列权利

1. 参加董事会会议，行使董事的发言权和表决权。

2. 就涉及职工切身利益的规章制度或者重大事项，提请召开董事会会议，反映职工的合理要求，维护职工合法权益。

3. 列席与其职责相关的公司行政办公会议和有关生产经营工作的重要会议。

4. 要求公司工会、公司有关部门和机构通报有关情况并提供相关资料。

5. 法律法规和公司章程规定的其他权利。

（二）职工监事依法行使下列权利

1. 参加监事会会议，行使监事的发言权和表决权。

2. 就涉及职工切身利益的规章制度或者重大事项，提议召开监事会会议。

3. 监督公司的财务情况和公司董事、高级管理人员执行公司职务的行为，监督检查公司对涉及职工切身利益的法律法规、公司规章制度贯彻执行情况。劳动合同和集体合同的履行情况。

4. 列席董事会会议，并对董事会决议事项提出质询或者建议，列席与其职责相关的公司行政办公会议和有关生产经营工作的重要会议。

5. 要求公司工会、公司有关部门和机构通报有关情况并提供相关资料。

6. 法律法规和公司章程规定的其他权利。

二、职工董事、职工监事的义务

职工董事、职工监事应当履行下列义务。

（一）遵守法律法规，遵守公司章程及各项规章制度，保守公司秘密，认真履行职责。

（二）定期听取职工的意见和建议，在董事会、监事会上真实、准确、全面地反映职工的意见和建议。

（三）定期向职工代表大会述职和报告工作，执行职工代表大会的有关决议，在董事会、监事会会议上，对职工代表大会作出决议的事项，应当按照职工代表大会的相关决议发表意见，行使表决权。

（四）法律法规和公司章程规定的其他义务。

三、职工董事、职工监事的职责

（一）职工董事的主要职责

根据职代会对企业改革发展重大事项以及涉及职工切身利益的重要改革方案和重要规章制度的意见，积极参与重大决策和企业事务的管理；充分反映职工群众的意愿和要求，维护职工的合法权益，正确处理企业长远利益与职工具体利益的关系；沟通董事会与广大职工群众的联系，定期向职代会报告工作，自觉接受职工群众的监督。

（二）职工监事的主要职责

积极发挥职工民主监督作用，根据有关法律、法规和财政部门的有关规定，对企业的财务活动及企业负责人的经营管理行为进行监督，确保国有资产和职工的利益不受侵犯。

（三）职工董事、职工监事的主要任务

作为代表全体职工行使决策权和监督权的职工董事、监事，应当理直气壮地维护法律规定的职工享有的政治、经济和劳动等各项权利。职工董事、监事在从事维权工作时要依靠工会组织，要积极参与涉及职工切身利益的法律法规的研究制定，从法律和政策上维护职工的经济利益。要建立和完善调整劳动关系的有效机制，积极参与协调社会利益和劳动关系矛盾，实现对职工经济利益的维护。要从深化企业改革中的管理体制、运行机制和分配制度等方面的调整中维护职工的经济利益。要抓好平等协商和集体合同等制度建设，从制度上保证职工经济利益的维护。要着力开展职工生活补充保障机制建设，积极实施送温暖工程，实实在在地帮助职工解决一些工作和生活中的实际困难，在为职工办实事中维护职工的经济利益。

（四）建立健全职工董事、职工监事合法权益的保障机制

职工董事、职工监事在董事会和监事会中应与其他董事、监事享有同等的权利，但鉴于职工董事、监事的特殊性，必须建立健全职工董事、职工监事合法权益的保障机构。职工董事、职工监事在参与企业的决策和监督过程中，处于相对弱势的地位，要想使其在决策和监督中，特别是在领导与职工意见有分歧时，能够坚持原则，敢于为职工说话办事，就必须建立相应的制度，保障其合法权益不受侵犯，这种权益保障机制应包括如下内容。

1. 建立职工董事、职工监事联系职工群众的制度

通过职工群众接待日、定点联系职工群众或者不定期召开职工群众座谈会等形式，直接征求和听取职工群众的意见和要求。

2. 建立职工董事、职工监事了解企业情况的制度

公司应该为职工董事、职工监事全面了解、掌握公司各类情况创造必要条件，公司应把有关生产经营的文件、简报发给职工董事、职工监事，职工董事、职工监事可以列席公司有关会议，并可到公司有关部门进行调研、巡视，查阅有关文件资料。

3. 建立职工董事参与董事会重大决策前的咨询、论证制度

职工董事在收到议题及文件后，公司工会应牵头召开职工代表团（组）长联席会、职代会职工董事议事委员会等专门委员会的会议或采取其他形式听取职工意见，协助职工董事对重要议题进行分析论证。

4. 建立职工董事、职工监事的培训制度

职工董事、监事的素质，决定作用发挥的大小。职工董事、职工监事必须参加相关的业务培训，到有关的业务部门学习，不断提高业务知识水平和参与决策能力。

5. 建立职工董事、职工监事合法权益保障制度

职工董事、职工监事依法行使职权，任何组织和个人不得压制、阻挠或打击报复。职工董事、职工监事因履行职责（含参加培训等）占用工作

时间，按正常出勤享受应得待遇。职工董事、职工监事在任职期间和离任至少两年内，除因个人严重过失外，公司不得与之解除劳动合同或者作出不利其就业条件的岗位变动。

6. 建立职工董事、职工监事的述职、评议制度

职工董事、监事是由工会或职代会提名、经职代会民主选举产生的，在工会、职代会与股东会、董事会、监事会之间起着桥梁作用，其行为必须对职代会负责。为此，必须建立职工董事、监事向职代会述职和职代会民主评议职工董事、监事制度，以形成职代会对职工董事、监事的有效监督。职工董事、职工监事每年须向公司职代会述职，自觉接受职工群众的监督。职工代表可对职工董事、职工监事的工作进行评议，职工董事、职工监事对职工代表的咨询要作出答复。

对不称职或者有严重过失的职工董事、职工监事，由职代会依照有关规定撤换或者罢免，并按规定补选新的职工董事、职工监事。目前已改制的公司企业，董事会、监事会中没有职工代表的，应规范公司制企业法人治理结构，逐步增补职工代表进入董事会、监事会。新组建的股份制企业，在组建公司时，应把职工董事、职工监事的名额预留好，待工会组织建成，职代会制度建立，再补选职工董事、职工监事。

第三节　职工董事、职工监事的工作程序和方法

一、职工董事、职工监事的工作程序

（一）广泛收集职工群众的意见

职工董事、职工监事应围绕公司董事会、监事会会议议题，在参与决策前，要深入职工群众之中，充分听取广大职工和工会的意见和建议，广

泛收集职工代表反映的情况，如实反映工会、职代会或代表团（组）长和专门委员会（小组）联席会等方面形成的意见。

（二）自觉履行职工董事、职工监事工作报告制度

每次董事会、监事会后，由职工董事、职工监事向工会委员会通报情况。每年职工董事、职工监事向职工代表大会进行述职报告一次，接受职工代表大会的询问。

（三）接受职工代表的评议

职代会每年对职工董事、职工监事就履行工作职责情况进行一次评议，并根据评议结果，对认真履行职工董事、职工监事职责的人员提出奖励意见。

（四）职工董事、职工监事的更换

职工董事、职工监事的更换要按照民主程序进行，不称职或者有严重过失的职工董事、职工监事由职代会罢免。

二、职工董事、职工监事的工作方法

为了在董事会、监事会中更好地发挥职工董事、职工监事的作用，职工董事、职工监事必须注意工作方法。目前，全国各地都创造和积累了一些经验和方法。

（一）争取支持法

在做好方案准备的基础上，职工董事、职工监事应该主动向党委领导、董事长和总经理等企业领导汇报，一方面认真听取他们的意见，进一步修改和完善自己的方案，另一方面争取得到他们的大力支持。同时还要向其他董事会、监事会成员进行宣传解释，争取得到他们的理解和支持，使方案能够最终得到通过。

（二）缓议复议法

职工董事、职工监事在参与董事会、监事会决策时要注意讲究策略，

对于有些议题，职工董事、职工监事准备不充分，可以向董事会、监事会负责人提出暂缓上会，以便争取时间做好充分准备。

（三）知己知彼法

职工董事、职工监事在研究准备提出意见时不要闭门造车，要在集思广益的同时，先个别了解一下其他董事、监事的想法和意见，有针对性地准备自己的意见。使自己提出的意见，既能反映广大职工群众的愿望，又与董事会或者监事会多数董事、监事的意见相近，便于意见被董事会、监事会接受。

（四）多种方案法

职工董事、职工监事在参加董事会、监事会决策前，在准备发表意见的过程中，尤其是涉及与职工利益关系较大的问题时，应该多准备几套方案，做到有备无患。职工董事、职工监事在董事会或监事会上经过据理力争后，如果某一方案没有被采纳的话，还可提出新的方案，争取得到董事会或监事会的认可。

（五）充分准备法

根据有关规定，一般董事会、监事会开会，议题应提前10天通知董事会、监事会成员。接到通知后，工会应该帮助职工董事、职工监事尽快着手准备，充分发挥职工代表大会有关专门机构的作用，广泛收集资料，多方进行论证，尽量使职工董事、职工监事的意见有理、有据、有力，能够得到董事会、监事会的同意。

三、职工董事、职工监事应建立相应的工作机制

在实际工作中，职工董事、职工监事要发挥应有的作用，需要企业及其工会给予积极的支持，帮助建立相应的工作机制来保证职工董事、职工监事切实履行职责。

（一）信息沟通机制

在实际工作中，很多职工董事、职工监事反映缺少必要的信息渠道，

对企业重大问题不了解。有关文件都是按照行政级别确定传阅范围的，仅用召开董事会前的几天时间去了解调查，根本无法详细全面掌握有关情况。对企业生产经营发展的知情权没有保证，就谈不上真正的参政议政。

（二）参谋机制

企业涉及的问题是多方面的，职工董事要对所有方面的问题都了解都熟悉是不可能的。从实践经验看，有的企业专门成立"智囊团"之类的组织，有时还请咨询服务机构或有关专家、学者来为职工董事、监事提供帮助和服务。这种帮助和服务是很必要的，可以集中专家和群众的智慧，弥补职工董事、职工监事个人的不足，为参与决策打好基础。在这方面企业工会应该做更多的工作。

（三）监督机制

职代会对职工董事、职工监事的工作要检查监督，职工董事、职工监事应定期向职代会汇报，作述职报告，一年至少一次。由职工代表进行评议，然后职代会做出决议，如大多数职工代表对该职工董事、职工监事的工作表示不满意，就应该罢免撤换，作相应的替补。

（四）保护机制

职工董事、职工监事的权利受法律保护，职工董事、职工监事依法行使职权，任何组织和个人不得压制、阻挠和打击报复。职工董事、职工监事任职期间，除个人严重过失外，公司不得与其解除劳动合同，或者作不利于其就业条件的岗位变动。

（五）工作指导机制

上级工会应对职工（代表）大会和职工董事、职工监事制度加强指导，加强对职工董事、职工监事的培训，不断提高其政策水平、业务水平和参与管理的能力，依法维护职工董事、职工监事的权益。

四、进一步加强职工董事、职工监事制度建设

职工董事、职工监事制度尽管已推行十多年，但就制度建设本身来

看，目前仍有大量基础性的工作要做，许多知识还需要普及，许多问题还有待进一步研究，需要我们在今后的工作中重点加以解决。

（一）当前职工董事、职工监事制度中存在的主要问题

1. 部分企业党政工干部对职工董事制度的认识普遍不到位

《公司法》中规定：两个以上的国有企业或者两个以上的其他国有投资主体投资设立的有限责任公司，其董事会成员中应当有公司职工代表，其他有限责任公司董事会成员中可以有公司职工代表。但除少数国有及国有控股企业设立了职工董事外，在其他建立董事会的股份公司制企业中普遍只有职工监事而没有职工董事。有些企业党政领导对于职工董事进入董事会心存抵触，一些工会主席、职工董事也自觉底气不足。

究其原因，主要是由于我国在相关理论包括法律法规的制定过程中所贯穿的股东至上的主导思想对人们产生了深刻影响。尤其是《公司法》在某种程度上是把国有企业职工作为国有资产所有者，并以此身份进入董事会，而不是名正言顺地以劳动者的身份进入董事会，这也可以解释为什么《公司法》在职工代表进入董事会问题上对非公企业没有提出强制性的要求。这些企业认为董事会从根本上说就是代表股东的，所以职工代表可以进监事会，董事会就不用进了。

因此，在当前情况下，统一和提高企业党政工领导对建立职工董事制度的认识，是推进股份制公司职工董事制度建设的一项紧迫任务。应使他们认识到，劳动者是依照劳动法与企业建立劳动关系的，不论国有企业还是非公企业，职工应享有的权利和地位从根本上讲是一样的。要达到这一目的，就要通过建立健全一系列职工参与企业民主管理的制度（包括职工董事职工监事制度），才能在国家制度安排上保证社会的公平与进步，才能使股份制真正成为我国公有制的主要实现形式。为此，完善相关的法律法规，应作为我们今后一段时期最重要的工作任务。

2. 部分企业党政工干部对职工董事职工监事的职权范围缺乏基本了解

有些企业党政领导包括一些工会主席认为职工监事可代替职工董事发

挥作用，甚至有些职工监事提出应适当扩大职工监事的权利和职能。这种认识在许多股份制公司，尤其是那些只有职工监事而没有职工董事的股份制公司中较为普遍，说明这些企业的党政工领导及职工代表对职工董事与职工监事的职权范围缺乏基本了解。

职工董事的职责除了要参与董事会研究决定公司重大问题并代表职工行使表决权之外，在董事会讨论涉及职工切身利益的重要决策时，要旗帜鲜明地表达和维护职工的合法权益。而职工监事的职责则更多地体现在对董事会成员的监督以及对企业经营和财务的监督等方面。职工监事虽可列席董事会，但没有表决权，亦不能代表职代会或职工在董事会上表达意见，向职代会报告也只能涉及监事会的相关内容，却没有权利和义务传达董事会的相关内容。如果没有职工董事，就没有人在董事会上去代表职工表达意见，也没有人代表职工在董事会上行使表决权，职代会与董事会之间也缺少日常性的沟通交流信息的渠道。

因此，职工董事与职工监事是各有权限、不可替代的。既然《公司法》中规定了除两个以上的国有企业或者其他两个以上的国有投资主体投资设立的有限责任公司外，其他有限责任公司和股份有限公司董事会成员中也可以有公司职工代表进入董事会，那就应该争取使各种类型公司制企业的职工董事制度都逐步得以完善，尽量使更多职工的合法权益都得到有效维护。

3. 部分干部对公司治理结构的理解存在偏差

从一般的经济学角度讲，公司治理结构应是涉及公司各项权利的分配、监督以及协调相互关系的一种制度性安排，主要用于支配在公司中有重大利害关系的投资者、经理人员、职工等利益相关者之间的关系，合理配置利益相关者之间的权利、责任和利益，从而形成一种有效的制衡关系。但由于在法律上对公司治理结构未予明确，理论上也存在诸多见解，由此导致地方和企业对公司治理结构的理解更是千差万别。

有些地方领导及多数企业对公司治理结构的理解存在较大偏差。如有的地方政府为推动职工董事职工监事制度建设、完善公司法人治理结构专门下发了文件，但在其中有关公司法人治理结构框架里，除了股东会、董事会、监事会及经理层外，还包括了企业的党组织、工会，却没有职代会。从实现利益相关者相互制衡的角度讲，公司党组织和工会作为党和工会在基层企业中的一级组织，而不是属于企业本身的机构，因此不应纳入公司治理结构的框架范围。而职代会作为职工行使民主管理权力的机构，由职工民主选举产生，代表着公司全体职工这一非常重要的利益群体，是企业不可缺少的要素之一，因此，职代会在理论上是具备作为公司治理结构组成基本条件的。

如果从进一步完善公司治理结构的角度，将职代会作为公司治理结构的组成部分之一，也是具有一定必要性和可行性的。因为在现有公司治理结构中，股东会有处理财产收入权、董事会有决策权、监事会有经营管理监督权、经理层有运转管理权，而职工与公司的劳动关系作为公司利益相关者之间非常重要的关系之一，其有关问题的处理和解决也应当是企业重要权利的一部分。传统意义上的公司治理结构中尚无专门负责调整劳动关系的机构，而由不同方面、不同层次企业人员代表组成的职代会作为劳动关系协调机构是最为适合的，这既符合公司治理结构所必备的基本要素要求，又可以使之更加完善。当然，为保证职代会作为劳动关系协调机构的中立地位，有必要对职代会中职工与经营管理人员等各层次代表的比例做出明确规定。

（二）建立职工董事、职工监事制度的重要意义

建立职工董事、职工监事制度也是许多市场经济国家现代企业管理的成功经验。推行公司制企业建立职工董事职工监事制度，对于完善国有独资和国有控股公司法人治理结构、构筑企业内部监督机制、形成具有中国特色的现代企业制度起着至关重要的作用。

1. 建立和完善职工董事职工监事制度是完善公司制企业法人治理结构的重要体现

现代公司已经成为多元利益联合体，不单是资本联合，而且也是劳动

与资本的结合，作为劳动者的职工是其不可忽视的构成部分。至今职工参与公司管理已经发展成为各国普遍关注的热点。国有企业的改革方向是建立产权清晰、权责明确、政企分开、管理科学的现代企业制度，而现代企业制度的核心是建立符合我国国情的公司治理结构。《公司法》借鉴了西方国家的先进经验，明确规定了职工参与公司董事会和监事会的制度。这项制度的显著特征之一就是建立企业内部所有权、经营权、监督权相互制衡，投资者、经营者、劳动者相互制约，实行股东大会、职工代表大会、董事会、监事会和经理层为组织领导体制的法人治理结构。在这个法人治理结构中，董事会是常设的权力机构，主要决定公司的经营计划、管理机构、聘任经理等。监事会是常设的监督机构，主要是监督检查公司的财务状况和行使对董事会、总经理等高级管理人员的监督职能。职工代表大会是企业职工行使民主管理权力的机构。职工是企业的主体，职工代表通过职工代表大会选举进入董事会、监事会，代表企业中职工这一最大群体参与企业的决策、管理和监督，这不仅有利于正确决策，而且在决策实施过程中，能够充分调动广大职工的积极性，有利于提高决策水平。所以职工代表依法进入董事会、监事会，不但是健全完善董事会监事会本身的需要，而且是使企业形成权责明确，各负其责，相互制衡的内部自我调节机制的重要体现。

2. 建立和完善职工董事职工监事制度是加强公司制企业民主管理、民主监督的重要内容

实行民主管理、民主监督是依靠职工搞好企业的重要措施，是公司制企业构建和谐劳动关系、最大限度挖掘企业潜力、发挥企业整体效能的有效手段。职工董事职工监事来源于广大职工之中，对企业生产经营的各个环节十分熟悉，以职工代表的身份参加董事会和监事会有利于企业的科学民主决策、民主监督和民主管理，更有利于职代会作用的发挥，这种重要性是不可忽视的。

3. 建立和完善职工董事职工监事制度是工会实现源头参与、代表和维护职工合法权益的重要渠道

主动依法科学维权，关键在畅通维权诉求渠道，形成把握实情、反应灵敏、行动迅速、敢于负责的维权效应。在公司制企业如何保证工会参与有平台，监督有渠道是当前工会工作面临的新情况新问题。实行职工董事、职工监事制度，工会主席、副主席依法作为首选候选人通过职工代表大会选举分别进入董事会、监事会，使职工群众中的正确意见和合理主张，通过更直接的方式，纳入企业重大改革方案、重大经营决策和重要规章制度中，实现对职工合法权益的源头维护，从而使工会更好地履行维护职能。

（三）职工董事、职工监事应发挥积极作用

1. 发挥参与决策的作用

确保职工董事、职工监事执行职代会的决定，通过参与企业管理、决策和监督，为企业科学发展献计献策，为职工说话办事。针对企业生产经营目标、财务预决算、改制重组方案等重大问题发表意见和建议，让职工董事、职工监事在董事会和监事会上发挥作用。在日常工作中，职工董事、职工监事要采取召开职工代表座谈会等方式，与职工交流、与工会交流，听取意见，沟通想法，使企业管理上的一些具体问题得到有效解决。

2. 发挥参与监督的作用

职工董事、职工监事依法监督《劳动法》《劳动合同法》等法律法规在企业的贯彻落实情况，依法监督董事会、监事会议定事项的落实情况，发现问题及时纠正。

3. 充分反映职工意愿

职工董事、职工监事平时工作在一线，可以多方面、多渠道地收集职工意见，把职工的呼声和反映带上来，使董事会、监事会能够更好地掌握情况，为其决策提供参考意见与建议。

参考文本1

××市公司制企业职工董事、职工监事制度管理办法（试行）

第一章　总则

第一条　为深入贯彻习近平新时代中国特色社会主义思想和党的二十大精神，进一步加强我市公司制企业职工董事制度、职工监事制度建设，健全完善以职代会为基本形式的企业民主管理制度体系，根据《中华人民共和国公司法》《中华人民共和国工会法》《企业民主管理规定》《××省企业职工代表大会条例》以及中华全国总工会《关于加强公司制企业职工董事制度、职工监事制度建设的意见》等法律法规及政策规定，结合我市实际，制定本办法。

第二条　凡依照《中华人民共和国公司法》《中华人民共和国公司登记管理条例》设立的有限责任公司和股份有限公司适用本办法。

第三条　职工董事制度、职工监事制度是指依照《中华人民共和国公司法》《中华人民共和国公司登记管理条例》设立的有限责任公司和股份有限公司（以下简称公司），通过职工代表大会（或职工大会，以下简称职代会）民主选举一定数量的职工代表，分别进入董事会、监事会，作为董事会、监事会正式成员，依法代表职工源头参与公司决策、管理和监督的基层民主管理形式。

第四条　各级党组织要把加强职工董事制度、职工监事制度建设纳入企业党建工作总体部署，推动职工董事制度、职工监事制度建设。

各级组织部门要结合加强企事业单位领导班子和党员干部队伍建设工作，指导和推动企业在建立健全基层党组织的同时，建立完善职工董事制度、职工监事制度。

各级国资监管部门要发挥自身优势，指导督促国有独资、国有控股企业建立职工董事制度、职工监事制度。引导、支持和鼓励国有及国有控股公司以外的混合所有制公司、非公有制公司等其他公司建立职工董事制度，建立监事会的各类公司应当依法建立职工监事制度；市财政局、市委宣传部要加强对国有文化企业的指导管理，推动建立有文化特色的职工董事制度、职工监事制度。同时，市委宣传部要做好公司制企业职工董事制度、职工监事制度宣传工作。

各级民营经济发展局、工商联要结合工作实际，在非公有制企业领域引导职工董事制度、职工监事制度建设工作。

各级地方工会要及时向党委汇报、向政府反映公司依法建立职工董事制度、职工监事制度情况及工作中的困难和问题，借助政府与同级工会联席会议、厂务公开联席会议、劳动关系三方协商机制等工作平台，会同有关部门合力推动职工董事制度、职工监事制度建设，推动形成党委加强领导、政府重视支持、工会积极作为，协同推进职工董事制度、职工监事制度建设工作机制。

第二章　职工董事、职工监事的任职条件

第五条　职工董事、职工监事候选人应当符合下列基本条件。

（一）依法与公司建立劳动关系。

（二）遵纪守法，品行端正，秉公办事，廉洁自律。能够代表和反映职工合理诉求，维护职工和公司合法权益，为职工群众信赖和拥护。

（三）熟悉公司经营管理或具有相关工作经验，熟知劳动法律法规，有较强的协调沟通能力。

（四）职工董事、职工监事的任职年龄一般应当能任满一届。工作年限距法定退休年龄不满三年的，一般不提名为下一届职工董事、职工监事候选人。

（五）符合法律法规和公司章程规定的其他条件。

第六条　职工董事、职工监事任职回避原则。

（一）未担（兼）任工会主席、副主席的公司高级管理人员和监事不得兼任职工董事，未担（兼）任工会主席、副主席的公司高级管理人员和董事不得兼任职工监事。公司高级管理人员的近亲属，不宜担任职工董

事、职工监事。

（二）国有及国有控股公司的党委（党组）书记，未兼任工会主席的党委副书记和纪委书记（纪检组组长）、总经理、副总经理、总会计师、总工程师、总经济师以及公司章程规定的公司其他高级管理人员不得担任职工董事。

（三）《中华人民共和国公司法》等法律法规中规定的不能担任董事、监事的人员，不得担任职工董事、职工监事。

第三章　职工董事、职工监事的产生、任期、罢免和补选

第七条　国有及国有控股公司以及建立职工董事制度的混合所有制公司、非公有制公司，其董事会成员中，至少应有一名职工董事。设立监事会的各类公司职工监事比例不得低于1/3。

职工董事、职工监事的人数和具体比例应当依法在制定和修改公司章程中作出明确规定。

第八条　公司在设立或改制的初始阶段，应当按照相关法律法规在公司董事会，监事会中预留职工董事、职工监事的名额，并应依法建立和完善职代会制度，选举产生职工董事、职工监事。

第九条　公司职工持股会选派到公司董事会、监事会的董事、监事，不视为本办法规定的职工董事、职工监事。

第十条　职工董事、职工监事由公司职代会选举产生，并按下列程序进行。

（一）提名候选人。职工董事、职工监事候选人，可以由公司工会根据自荐、推荐情况，在充分听取职工意见的基础上提名，也可以由1/3以上的职工代表或1/10以上的职工联名推举，还可以由职代会职工代表团（组）长和专门工作委员会（工作小组）负责人联席会议提名。提名候选人应当征得公司党组织同意，尚未建立党组织的，应当征求上一级工会意见。

公司工会主席、副主席一般应作为职工董事、职工监事候选人人选。

符合任职条件的公司其他职工也可以作为职工董事、职工监事候选人人选。未担（兼）任工会主席、副主席的候选人经职代会选举为职工董事、职工监事的，可以推荐其兼任公司工会副主席或公司工会的其他相当的职务。

（二）职代会民主选举。职工董事、职工监事候选人确定后，由公司职代会以无记名投票方式差额选举产生。职工董事、职工监事候选人必须获得职代会全体代表过半数赞成票方可当选。获得过半数赞成票的候选人人数多于应选名额时，得赞成票多的当选。如遇获得赞成票数相等不能确定当选人时，应就票数相等的候选人再次投票，获得赞成票多的当选。获得过半数赞成票的候选人人数少于应选名额时，对不足的名额应当另行提名候选人并进行选举。公司职代会主席团或主持人应当场宣布选举结果及选举是否有效。尚未建立职代会的，应在公司党组织的领导和上级工会的指导下，先行建立职代会。

（三）履行聘任手续。职工董事、职工监事由职代会选举产生后，应进行任前公示，公示无异议，与其他由股东会选举产生的董事、监事同等履行相关手续，并报上一级工会和有关行政主管部门（机构）备案。

第十一条 职工董事、职工监事的任期与其他董事、监事的任期相同，每届任期不超过三年，任期届满后可以连选连任。

职工董事、职工监事的劳动合同在任期内到期的，其劳动合同期限自动延长至任期结束。

第十二条 职工董事、职工监事因辞职、患病、工作调动等原因离职的，或因劳动关系变更、终止、解除等原因不能履行职责时，经职代会通过终止其任职资格。

第十三条 公司职代会有权罢免职工董事、职工监事。职工董事、职工监事有下列行为之一的，应当由职代会依法罢免：

（一）公司职代会对其述职进行无记名民主评议，结果为不称职的；

（二）不能如实反映公司职代会决议、决定，在参与公司决策、履行监督职责时不代表职工利益行使权利，损害职工合法权益的；

（三）拒绝向公司职代会报告工作的；

（四）有其他不依法履行职工董事、职工监事职责行为的。

第十四条　罢免职工董事、职工监事，须由 1/3 以上职工代表或者 1/10 以上职工联名提出罢免议案。罢免议案应当写明罢免理由，并征得公司党组织同意后列入职代会议程。罢免议案必须由职代会以无记名投票方式进行表决，并经职代会全体代表过半数同意方获通过。罢免案通过后，由公司履行解聘手续，并由公司工会将罢免结果报送有关行政主管部门（机构）和上级工会备案。

公司职代会讨论罢免职工董事、职工监事有关事项时，职工董事、职工监事有权在会上提出申辩理由或书面申辩意见。

第十五条　职工董事、职工监事出现空缺的，应当由公司工会尽快组织补选，补选程序与产生程序相同。补选期限一般不超过三个月。

补选的职工董事、职工监事任期为本届董事会、监事会尚未履行的期限。

第十六条　职工董事、职工监事任期届满未及时改选，或除罢免外的职工董事、职工监事出现空缺未及时补选的，在改选或补选出的职工董事、职工监事任职前，原职工董事、职工监事仍应当依照法律法规和公司章程的规定，履行职工董事、职工监事职务，承担职工董事、职工监事义务。

第四章　职工董事、职工监事的权利和义务

第十七条　职工董事、职工监事依法享有与公司其他董事、监事同等权利，在董事会、监事会研究决定公司重大问题时，职工董事、职工监事应充分考虑和尊重出资人、公司利益的同时，代表职工充分发表意见，履行代表职工利益、反映职工合理诉求、维护职工和公司合法权益的职责与义务，并承担相应责任。

第十八条　职工董事依法行使下列职权：

（一）参加董事会会议，行使董事的发言权和表决权；

（二）在董事会研究决定公司重大问题时充分发表意见，确定公司高级管理人员的聘任、解聘时，如实反映职代会民主评议高级管理人员情况；

（三）对涉及职工合法权益或大多数职工切身利益的董事会议案、方案提出意见和建议；

（四）就涉及职工切身利益的规章制度或者重大事项，提出董事会议题，依法提请召开董事会会议，反映职工合理要求，维护职工合法权益；

（五）列席与其职责相关的公司行政办公会议和有关生产经营工作的重要会议；

（六）要求公司工会、公司有关部门通报相关情况，提供相关资料；

（七）向公司工会、上级工会或有关部门如实反映情况；

（八）法律法规、规章制度和公司章程规定的其他权利。

第十九条　职工监事依法行使下列职权：

（一）参加监事会会议，行使监事的发言权和表决权；

（二）参与监督检查公司对涉及职工切身利益的法律法规、规章制度和公司章程的贯彻执行情况；

（三）监督检查公司职工工资、劳动保护、社会保险、福利及劳动合同、集体合同等制度规定的落实情况；

（四）听取和监督公司的经营管理情况；

（五）参与对公司的财务检查和对公司董事会、经理层人员履行职责的监督；

（六）就涉及职工切身利益的规章制度或者重大事项，提出监事会议题，提议召开监事会会议；

（七）列席董事会会议，可对董事会决议事项提出质询或者建议；

（八）列席与其职责相关的公司行政办公会议和有关生产经营工作的重要会议；

（九）要求公司工会、公司有关部门通报相关情况，提供相关资料；

（十）向公司工会、上级工会或有关部门如实反映情况；

（十一）法律法规、规章制度和公司章程规定的其他权利；

（十二）尚未设立职工董事的公司，遇有董事会制订公司合并、分立、解散和变更公司重大方案，或者制订公司利润分配方案等涉及职工切身利益的重要事项时，职工监事应当按照对职工董事的要求主动担负起相应职责。

第二十条　职工董事、职工监事应当履行以下义务：

（一）认真学习党的理论和路线方针政策，学习国家法律法规，积极参加相关培训，提高自身思想政治素质和相关业务素质；

（二）遵守法律法规和公司章程及各项规章制度，执行股东会、董事会、监事会决议，保守公司秘密，认真履行职责；

（三）及时了解企业管理和发展状况，经常深入职工群众广泛听取意见和建议，在董事会、监事会上真实准确、全面充分地反映职工合理诉求；

（四）执行职代会决议，在董事会、监事会上，按照职代会相关决议或在充分考虑职代会决议和意见的基础上发表意见，行使表决权；

（五）建立履职档案，对履行职责情况进行书面记录并妥善保存；

（六）每年至少一次向公司职代会报告工作，接受监督、质询、民主评议；

（七）法律法规和公司章程规定的其他义务。

第二十一条　职工董事、职工监事向公司职代会作述职报告的主要内容包括：

（一）全年出席董事会、监事会会议情况，包括未出席会议的原因、次数；

（二）在董事会、监事会上发表意见和参与表决情况，包括投出弃权或者反对票情况及原因；

（三）对公司劳动关系重大问题和职工切身利益重要事项进行调查，反映职代会意见和职工利益诉求，与董事会、监事会其他成员及公司管理层进行交流磋商等情况；

（四）参加教育培训情况；

（五）根据相关法律法规、规范性文件和公司章程，履行职工董事、职工监事权利义务其他需要报告情况。

第二十二条　职工董事、职工监事应担负的责任。董事会、监事会的决议、决定违反法律法规或者公司章程、股东大会决议，致使公司遭受严重损失的，参与决议或决定的职工董事、职工监事应当按照有关法律法规和公司章程的规定，承担相应责任。但经证明在表决时曾表明异议或者代表职代会意见并载于会议记录的，可以免除责任。

职工董事、职工监事在收到董事会、监事会议题议案，审议发现有损害职工利益的内容，或者与已有的职代会意见相悖，必要时应向董事长、监事会主席提出暂缓审议该项议题或议案的建议，并及时向职代会报告。因故不能参加董事会、监事会会议时，应以书面形式委托其他董事、监事代为反映意见，并在委托书中明确授权范围。

第五章　职工董事、职工监事的履职制度

第二十三条　公司应当为职工董事、职工监事依法履行职责提供必要的工作条件，保证其履职所必需的工作时间，其在履行职责期间除享受正常的工资和福利待遇外，履职所发生的费用比照其他董事、监事办理。

第二十四条　职工董事、职工监事为履行职责，必要时可聘请律师或会计师等协助其工作，费用应依法参照有关规定由公司或公司工会承担。

第二十五条　职工董事、职工监事在任职期间，除法定情形外，公司不得与其解除劳动合同。

第二十六条　职工董事、职工监事在任期内和任期届满后，公司不得因其履行职责的原因，对其降职、减薪或采取其他形式进行打击报复。

第二十七条　建立培训制度。公司要在职工董事、职工监事任职前和任

职期间组织其参加岗位适应性学习培训，不断提高其业务素质和履职能力。

第二十八条　建立调研制度。职工董事、职工监事应通过工会和职代会建立起与广大职工群众联系的渠道，通过召开职工群众座谈会、职工代表团（组）长和职代会专门小组（委员会）负责人联席会议、职工代表巡视检查等形式，直接征求和听取职工群众的意见。

第二十九条　公司应协助职工董事、职工监事全面了解公司情况，及时向职工董事、职工监事提供公司生产经营管理等方面的资料和信息。

第三十条　职代会下设工作机构要及时向职工董事、职工监事提供职代会的议题、议案和决议等材料，协助其开展专题调研和巡视检查，及时反映职工的有关意见和建议。

第三十一条　公司工会要通过各种有效途径，为职工董事、职工监事提供专业意见和相关咨询。

第六章　正确处理职工董事、职工监事与公司相关组织机构的关系

第三十二条　职工董事、职工监事接受公司党组织的思想政治领导。公司党组织担负着加强公司民主管理制度建设、引领公司依靠职工办企业的政治责任，支持职工董事、职工监事依法履行职责。

第三十三条　职工董事、职工监事通过董事会、监事会集体向股东会负责。职工董事、职工监事在董事会、监事会中代表职工行使参与决策和监督的民主权利，在研究决定涉及职工切身利益重要事项时，重点代表和维护职工利益，并应充分考虑和尊重出资人及公司的整体利益。股东会应尊重职工董事、职工监事的法定权利。

第三十四条　职工董事、职工监事参与并服从董事会、监事会的决策。职工董事、职工监事通过充分发挥职代会与董事会、监事会之间联系、沟通的桥梁作用，向董事会、监事会负责。职工董事应接受监事会的监督。董事会、监事会尊重并支持职工董事、职工监事依法履行职责。

第三十五条　职工董事、职工监事与公司行政部门应互相尊重、互相支持。职工董事、职工监事通过参与董事会、监事会工作，对公司经营管

理工作施加影响，应支持配合公司行政部门履行经营管理职责；就涉及职工切身利益的事项和问题向有关职能部门征询意见，也可在职权范围内约见公司高级管理人员，反映职工对经理层的意见，并对经理层实施监督。公司行政部门在研究涉及职工切身利益的重大问题时，应当听取职工董事、职工监事的意见。

第三十六条　职工董事、职工监事应直接向公司职代会负责。职工董事、职工监事由职代会选举产生，参加职代会的有关活动，认真执行职代会的决议，自觉接受职代会的监督。职代会下设的机构，应协助职工董事、职工监事依法履行职责。职工董事、职工监事与职代会的关系，应当在公司职代会实施细则中作出明确规定。

第三十七条　公司工会应为职工董事、职工监事履职提供高效服务。要帮助职工董事、职工监事解决工作和生活中的实际问题，及时督促协调公司行政为职工董事、职工监事提供有关信息资料。在涉及职工切身利益重要制度的制定、重大事项决议的执行过程中，为职工董事、职工监事形成书面意见，收集、整理和提供职工利益诉求及对公司生产经营管理等方面的意见建议。

第七章　附　则

第三十八条　本办法由市总工会负责解释。

第三十九条　本办法自发布之日起实施。

参考文本2

××公司完善"六大机制"确保职工董事制度、职工监事制度规范化运行

近十年来，××公司不断探索创新职工董事制度、职工监事制度，历经试点、建制、规范、完善等阶段，使职工董事制度、职工监事制度成为公司30万员工参与企业民主管理的重要途径和参与公司治理的最高平台，并逐步形成了职工董事制度、职工监事制度规范化运行的"六大机制"。

一是日常履职工作机制。除《公司章程》作出职工董事、职工监事履职相关规范外，公司出台《关于进一步推行职工董监事制度的意见》《职工董监事履职管理办法》等系列文件，明确了职工董事、职工监事的具体工作内容和程序。职工董事、职工监事在参与董事会决策和监事会监督时必须体现职代会意图，维护职工群众利益，正确履行"双重代表"职责。特别是在参与劳动用工、薪酬制度、劳动保护、休息休假、生活福利等涉及职工切身利益的基本管理制度的制定和修改时，职工董事、职工监事必须提前听取职代会和工会意见，深入开展调查研究，代表职工群众充分行使表决权，关键时敢于发声、敢于维护。

二是履职信息沟通机制。××公司建立健全了职工董事、职工监事出席党委会、总裁办公会、职代会、工作会等重要会议的制度，确保了职工董事、职工监事对公司重大事项的知情权。针对职工利益诉求方面的重要情况，职工董事与公司党委、外部董事、工会建立了不定期沟通交流机制，确保了相关事项在决策前能够得到充分的沟通酝酿。工会还建立了向职工董事、职工监事提供信息资料，组织职工董事、职工监事深入群众调研等制度，确保职工董事、职工监事实时掌握职代会和工会重点工作，及时了解职工诉求，为职工董事、职工监事科学决策和监督提供充分的政策和信息支撑。

三是民主评议和民主测评机制。××公司建立了职工董事、职工监事由职代会选举产生、对职代会负责的制度。从 2013 年职代会开始，由工会组织，职工董事、职工监事每年按"德能勤绩廉"五要素进行大会述职述廉，由全体职工代表进行民主评议后，在大会上进行民主测评和无记名投票。职代会民主评议委员会根据民主测评结果，对职工董事、职工监事按照"优秀、称职、基本称职、不称职"四个等次给予考核评价，出具书面评价和奖惩意见，并将结果及时报公司党委、董事会、监事会。

四是专项教育培训机制。××公司与清华大学、上海国家会计学院等高校建立了专项培训制度，每年利用知名高校的优质培训资源，针对职工董事、职工监事履职必需的公司治理、战略管理、财务管理、内控与风险管理、薪酬管理、职工权益维护等相关业务知识，定期为职工董事、职工监事的系统学习和素质提升提供帮助。

五是日常服务保障机制。工会作为职工董事、职工监事日常管理服务机构，随时为职工董事、职工监事履职提供软硬件的支持，既要保证及时向职工董事、职工监事提供职工权益维护方面的政策文件，也要在涉及职工切身利益的重要制度的制定、重大事项决议的执行过程中，及时向职工董事、职工监事提供职工群众的相关意见，还要为职工董事、职工监事开展调研，了解职工思想状况、反映职工合理诉求提供服务保障。

六是激励约束机制。××公司作为"中央企业职工董事考核评价及薪酬管理文件"课题起草单位，20××年率先出台《职工董监事考核评价暂行办法》，明确了职工董事、职工监事考核评价的原则、内容、程序、评价方式、结果运用和奖惩标准，形成了职工董事、职工监事管理闭环，充分调动了职工董事、职工监事的工作积极性，得到了国务院国资委的充分认可。

经过探索和实践，××公司在职工董事制度、职工监事制度规范化建设方面取得了成效：一是做到了源头参与，实现了职工群众在公司重大决策制定和实施过程中"早介入、有声音、能建言、可监督"，是职工有序参与公司治理的重要渠道；二是做到了顶层维护，在公司治理的最高层面，职工董事、职工监事成为切实维护职工权益的代言人和守望者；三是做到了依法履职，通过完善制度体系，确保了职工董事、职工监事履职合法合规；四是做到了有效维权，推动了一大批涉及企业改制改革和职工切身利益重要决策事项的落地。

思考题

1. 建立职工董事及监事制度有何重要意义？
2. 职工董事、职工监事的任职条件有哪些？
3. 职工董事、职工监事如何选举产生？

第六章

职工代表参与车间（分厂）、班组民主管理工作

　　车间（分厂）、班组民主管理，是车间（分厂）、班组职工依照法律规定，通过一定的组织形式，对车间（分厂）、班组职权范围内的事务行使民主管理权力的活动。职工代表参与车间（分厂）、班组民主管理工作，对于继续完善企业民主管理制度，深化企业内部改革，完善车间（分厂）、班组管理等方面都有十分重要的作用。

第一节　车间（分厂）民主管理

一、车间（分厂）民主管理的重要性

车间（分厂）民主管理的重要性，主要体现在以下方面。

（一）车间（分厂）民主管理是健全企业民主管理制度的重要环节

车间（分厂）是企业组织生产的基本单位。要形成从厂、车间（分厂）到班组的完整的民主管理体系，必须建立车间（分厂）民主管理制度。只有搞好车间（分厂）民主管理，才能使厂职工代表大会通过的各项决议、决定、方案通过车间（分厂）到班组，在企业全面贯彻落实。车间（分厂）民主管理搞好了，能够影响、带动和指导班组搞好民主管理，从而有利于把全体职工的积极性调动起来。

（二）车间（分厂）民主管理是深化企业内部改革的客观要求

随着改革的深化，企业内部也通过多种形式的经济责任制，逐步向车间（分厂）、班组放权，车间（分厂）有了生产经营指挥权、使用调配权、奖金及其他收入的分配权、对职工一定限度的奖惩权等。这就为加强车间（分厂）民主管理提出了客观要求，车间（分厂）民主管理拓宽了领域。车间（分厂）实行承包经济责任制，职工关心车间（分厂）的生产经营管理，迫切要求搞好车间（分厂）民主管理。

（三）搞好车间（分厂）民主管理是完善车间管理的重要组成部分和有力保证

车间（分厂）民主管理是相对车间专业管理而言的，是车间（分厂）管理的重要组成部分。但车间（分厂）民主管理又不是直接地去实施管理或代替专业管理，而是组织职工以主人翁的身份参与管理，并对管理实施监督，形成既有集中又有民主的生动局面，增强车间的凝聚力。在车间（分厂）管理中，民主管理有着突出的作用。车间（分厂）的专业管理与车间（分厂）的民主管理是既有联系又有区别，二者既不能分离，也不能互相代替。加强车间（分厂）民主管理，调动职工的主人翁积极性，能够有效地促进车间（分厂）的行政管理。车间（分厂）专业管理和民主管理相结合，能够互相促进，增加车间（分厂）凝聚力，促进车间（分厂）的各项工作。

（四）加强车间（分厂）民主管理是维护职工权益的需要

随着企业内部改革力度的不断加大，车间（分厂）的职权也相对加大。但是有部分车间（分厂）民主管理制度不健全，车间（分厂）生产经营中的重大问题、涉及职工切身利益的问题，不经职工代表大会讨论通过，而是由个人说了算，侵犯了职工的权益。还有的车间（分厂）虽然召开了职工代表大会，可是职工代表大会通过的决议不能很好地贯彻执行，缺乏监督机制。由此可见，只有加强车间（分厂）民主管理，健全车间（分厂）民主管理制度，完善监督机制，才能真正维护职工的合法权益。

二、车间（分厂）民主管理主要形式

根据《企业民主管理规定》，集团企业的总部机关和各分公司、分厂、车间以及其他分支机构，按照本规定建立职工代表大会制度，在各自的职权范围内分别开展民主管理活动。车间（分厂）民主管理的形式可以有以下三种。

（一）车间（分厂）职工代表大会

车间（分厂）职工代表大会与厂职工代表大会相似。代表是由车间（分厂）职工民主选举产生的，他们代表车间（分厂）全体职工，在车间（分厂）职权范围内行使民主管理权力。这种形式适用于职工人数较多的车间（分厂）。

（二）车间（分厂）职工大会

车间（分厂）职工大会适用于职工人数较少的车间（分厂）。100人以下的车间（分厂）一般采用这种形式。它是车间（分厂）全体职工直接参加的民主管理形式，不同于车间（分厂）召开的行政传达文件、布置工作的职工大会。为了与一般的职工大会相区别，我们可以称其为车间（分厂）职工民主管理大会，该大会的职权和车间（分厂）职工代表大会的职权相同。

（三）车间（分厂）职工代表组（团）

车间（分厂）职工代表组（团）具有双重身份，它既是代表车间（分厂）职工参加厂级职工代表大会的组织，又是行使车间（分厂）民主管理权力的机构。这种形式作为基本形式，适用于职工人数不多的车间（分厂）或不带"兵"的科室。

车间（分厂）可以根据自己的实际情况，从以上介绍的三种形式中选择一种作为车间（分厂）民主管理的主要形式，或称基本形式。车间（分厂）民主管理不论采取何种形式，都由车间（分厂）工会委员会主持。

除了以上三种民主管理形式，还可以通过多种多样的其他形式来开展车间（分厂）民主管理的日常活动，如职工恳谈会、民主对话会、民主咨询会等。还可以开展群众性的合理化建议、创造发明活动、献计献策、最佳提案活动，开展组织职工代表检查、民主评议、民主审议等活动。这些活动是对车间（分厂）职工代表大会的必要补充和完善，能够促进车间（分厂）职工代表大会决议的贯彻落实。

（一）车间（分厂）职代会的组织制度

车间（分厂）职工（代表）大会与厂职工代表大会的组织制度在很多方面基本相同，如坚持民主集中制的原则，职工代表的产生和任期，职工代表的权利和义务，召开会议和表决方式等。但在以下几个方面有所不同。

1. 车间（分厂）职代会的代表比例要高于厂职工代表的比例，一般为车间（分厂）职工人数的 15%~30%，但代表人数不得少于 30 人。

2. 车间（分厂）职工代表中的工人，一般应占代表人数的 70%以上。

3. 车间（分厂）职工（代表）大会至少每季度召开一次。

4. 车间（分厂）召开职工代表大会时，职工代表人数在 50 人以上的可设大会主席团，主席团由 5~7 人组成，其中工人代表的人数应占主席团成员半数以上。职工代表人数在 50 人以下的，可选举执行主席 1~3 名，一般应由工会主席和不担任行政领导职务的职工代表担任。

5. 车间（分厂）职工（代表）大会可设若干专门小组，各专门小组的工作任务可由车间（分厂）工会有关专门小组承担。

6. 车间（分厂）职工（代表）大会闭会期间，需要临时解决的重要问题，可由车间（分厂）工会委员会召集有关职工代表参加会议协商处理。根据需要，可请车间（分厂）党、政负责人参加。

（二）车间（分厂）职工（代表）大会的职权

车间（分厂）职工代表大会是对本单位权限范围内的事务行使民主管理的权力，一般应具有以下职权：

1. 听取和审议车间（分厂）行政领导的工作报告，并对完成生产计划的措施、经济责任制方案等重大事项提出意见和建议；

2. 审查同意或否决本车间（分厂）的工资、奖金分配方案、劳动力优化组合方案、劳动保护措施、奖惩办法以及其他重要规章制度；

3. 审议决定本车间（分厂）有关职工生活福利方面的重要事项；

4. 民主评议、监督车间（分厂）领导干部，提出奖惩和任免的建议；

5. 根据上级的部署，民主推荐或民主选举车间主任。

车间职工大会的职权和车间职工代表大会的职权相同。

行使车间（分厂）职工（代表）大会职权要把握以下几点：

1. 会前，要就有关方案广泛征求职工代表意见；

2. 职工（代表）大会上，车间（分厂）行政领导向职工代表作行政工作报告，并将提交大会审议的议案向职工代表作出说明；

3. 职工代表要认真讨论行政工作报告和有关议案；

4. 在认真审议的基础上，要对各项议案进行单项表决并作出决议；

5. 对职工（代表）大会通过的决议，要在会后组织职工代表监督落实。

要注意的是，车间（分厂）职工（代表）大会的职权与基层单位职工代表大会的职权有相同之处，但由于车间（分厂）的工作与基层单位的工作有很大不同，所以车间（分厂）职工（代表）大会在行使职权时，不能简单地比照基层单位职工代表大会，而应结合车间（分厂）的具体情况，从实际出发，行使好职权。一般来说，需注意以下问题：

第一，审议车间（分厂）生产计划，着重就完成车间（分厂）生产任务的措施、办法等方面提出建设性的意见，使车间（分厂）生产经营决策切实可行，也便于实施、检查、监督。

第二，审查车间（分厂）各项规章制度、改革方案和决定职工生活福利重大事项时，要结合车间（分厂）的特点，把企业制定的规章制度和方案加以具体化。要依据厂职工代表大会所通过的原则性规定，制定具体的实施办法和步骤。

第三，车间（分厂）开展评议干部活动时，除了评议车间（分厂）领导干部以外，也可根据车间（分厂）实际情况，对工段长及其他管理人员进行评议。

（三）车间（分厂）职工（代表）大会的召开的程序

车间（分厂）职工（代表）大会的召开一般按照以下程序。

1. 车间（分厂）工会提出召开职工（代表）大会的建议和具体方案，并与车间行政领导协商，同时向车间党组织和上级工会报告。同意后，即可召开职工（代表）大会。

2. 在会议召开前一周，车间（分厂）行政要向车间职工代表提交大会审议的议案以及其他有关事项，并由职工代表广泛征求所在班组职工的意见和建议，根据职工代表的反馈意见，车间（分厂）行政要修改完善有关议案。

3. 召开车间（分厂）职工（代表）大会，认真审议提交大会的议案，并逐项进行表决，形成决议。

4. 车间（分厂）职工（代表）大会召开后，车间（分厂）工会要向上级工会报告职工（代表）大会召开的情况，并注意整理有关资料。

三、车间（分厂）民主管理工作中需要注意的问题

（一）处理好车间职工（代表）大会与车间行政的关系

民主管理是车间（分厂）管理的重要组成部分，它与车间行政的专业管理一样，都是车间管理不可缺少的，二者相辅相成，共同发展。

1. 车间主任应支持车间职工（代表）大会的工作

一是在职工（代表）大会上向职工代表报告工作。报告工作时力求任务明确、内容具体，便于职工代表审议。二是要认真处理落实职工代表的提案，定人定责，及时将提案处理结果告知提案人。三是车间主任要为职工（代表）大会行使职权创造条件。召开职工（代表）大会时，车间主任应与工会商量，研究召开职工（代表）大会的有关事项，认真开好职工（代表）大会。同时，在贯彻实施职工（代表）大会决议的过程中，车间主任及车间行政有关人员要积极支持职工（代表）大会工作，接受职工代表的监督检查。

2. 职工（代表）大会应支持车间主任的工作

车间职工（代表）大会要支持车间主任行使生产管理指挥权，教育、引导职工自觉遵守规章制度、服从指挥、努力完成生产任务。当生产中遇到困难时，应发动职工献计献策，发挥主人翁的积极性，共同克服困难。

3. 职工（代表）大会与车间主任发生意见分歧时，双方应进行平等协商

按照各自的职权范围，本着相互尊重的原则，对有分歧的问题妥善加

以解决。若最后仍不能形成一致意见时，可请车间党组织进行协调，并向行政或上级工会反映。在这里应特别注意职工（代表）大会职权中前三项权力的区别，要依法行使职权，不可越权。

（二）处理好车间（分厂）职工（代表）大会与车间工会的关系

车间（分厂）职工（代表）大会是职工参与车间（分厂）管理，行使民主管理权力的基本形式。车间工会是车间（分厂）民主管理工作的组织者，民主管理是车间工会工作的重点。车间工会委员会是职工（代表）大会的工作机构，车间职工（代表）大会及民主管理的日常工作由车间工会负责。主要有以下工作。

1. 提出召开职工（代表）大会的议题。拟订方案，并负责会议的筹备和会议期间的组织工作。

2. 定期向车间党组织汇报车间民主管理工作情况，在车间党组织的领导下做好民主管理工作。

3. 主持召开车间职工（代表）大会联席会议，协商解决在职工（代表）大会闭会期间需要临时解决的重要问题，并将结果向下一次职工（代表）大会报告。

4. 组织开展日常民主管理活动，督促检查车间职工（代表）大会决议和提案的落实。

5. 做好职工代表的选举工作，加强对职工代表的培训，提高职工代表的素质。

6. 受理职工的申诉和建议，维护车间职工代表和职工群众的民主权利。

7. 指导班组开好班组民主管理会，推动班组民主管理工作。

第二节 班组民主管理

一、班组民主管理的地位和作用

班组民主管理是企业民主管理的基础。从建立企业民主管理网络体系和完善企业民主管理制度来看，班组民主管理既是企业民主管理的一个重要层次，也是企业民主管理的一项重要制度。班组民主管理，是职工最直接、最广泛、最经常的民主管理活动，是企业民主管理的基础，具有十分重要的地位和作用。

（一）做好班组民主管理有利于激发广大职工的主人翁责任感

随着经济体制改革的不断深入，企业内部普遍实行了经济责任制，班组在生产任务、工作安排、奖金分配等方面有了一定的经营管理自主权。班组这些自主权，由谁行使和如何行使也就成了班组的热点问题。在这种情况下，广大职工更加关心企业的经营管理、关心班组的工作，班组的民主管理为广大职工参加班组的日常管理提供了场所和条件。只有不断加强班组的民主管理，才能使广大职工在实践中切实感受到自己的主人翁地位，从而进一步调动广大职工的积极性、创造性，把班组工作搞好，进而把企业办好。

（二）做好班组民主管理有利于加强企业各项基础工作

班组是企业的细胞，是企业的基础，是企业各项工作的落脚点。企业的各项管理工作，最终都要在班组得到落实。搞好班组民主管理，对于调动每个职工的积极性，集中大家的智慧和力量，分别把各项管理落实到每一个人，具有重要作用。因此，搞好班组民主管理，是搞好企业民主管理的重要一环。

（三）做好班组民主管理有利于普遍提高职工群众管理的水平

发展社会主义市场经济，创新企业制度，对广大职工群众在民主参与管理方面提出了许多新的要求，这就迫切要求广大职工群众提高自身管理能力和水平。班组民主管理具有全员参与性的特点，广大职工群众通过参与管理的实践来学习管理，提高自身的管理能力和水平。

二、班组民主管理的特点

班组民主管理，是班组全体职工依照法律规定，通过一定的组织形式，对班组权限范围内的事项行使民主管理权力的活动。班组民主管理是职工最直接、最广泛、最经常的民主管理活动，也是一线职工行使当家作主民主权力的具体体现和重要形式之一。班组民主管理具有以下特点。

（一）基础性

班组民主管理是广大职工最直接、最广泛参与的民主生活，没有班组民主管理，企业民主管理就成了少数人的事情，从而失去了民主管理的本来意义。

（二）全员性

从班组民主管理活动的范围来讲，具有全员性。班组一般人数不多，便于组织和开展活动，因此与企业、车间职工代表大会不同，班组民主管理不是选举少数职工代表参加，而是由班组职工全员参加。班组民主管理的主体是班组的全体成员。在班组范围内，全体成员对班组的生产情况、奖金分配、规章制度、生活福利、奖惩等问题，都有参与决策的权利。班组民主管理的全员性，还要求在班组生产全过程中，做到全员参加、全员管理，而不是靠少数几个人去管理，这样，就使企业民主管理成为一种人人参与的活动。

（三）直接性

从班组民主管理活动的方式来讲，具有直接性。

1. 班组每个职工既是生产者，又是管理者，每个职工都有直接参加管理的机会，能够比较直接地行使民主管理的权力。

2. 班组民主管理的事项直接同班组内生产管理等工作有关、同每个职工的切身利益有关。广大职工通过亲身参与或主持班组的管理工作，会亲身感受到自己是企业的主人，从而增强自己的主人翁责任感。

（四）渗透性

班组民主管理具有渗透性。班组民主管理与班组行政管理相互渗透、相互依存和制约。班组长既是行政管理任务的执行者，又是民主管理的直接参与者，这就使班组民主管理与行政管理有机结合、相互渗透。

三、班组民主管理的形式和职责

班组民主管理是由班组职工直接参加的一种群众管理活动。班组民主管理的基本形式是班组民主管理会。

（一）班组民主管理会

班组民主管理会，是由工会小组长主持，班组全体成员参加，按照有关规定，对班组权限范围内的有关事项进行审议、通过或决定的一种民主管理形式，是职工群众在班组行使民主管理权力和当家作主的具体体现。

1. 班组民主管理会的组织制度和活动方式

为了保证班组民主管理会工作正常开展，必须建立和健全班组民主管理会的组织制度并采取与之相适应的活动方式。

（1）班组民主管理会由工会组长主持。工会组长必须由工会小组成员民主选举产生。

（2）班组民主管理会一般每月召开一次，也可根据需要，由班组长、工会组长或1/3以上职工提议，随时召开。

（3）班组民主管理会要有本班组2/3以上的职工出席方能召开，讨论决定的事项，要有班组全体职工过半数同意才能生效。

（4）班组民主管理会做出的决定，如与班组长的意见不一致，要协商解决。协商无效，可以报告车间行政和车间工会进行调解。

（5）班组民主管理会在其职权范围内讨论决定的有关事项未经班组民主管理会讨论同意，任何人不能改变。

（6）班组民主管理会的议题，由工会组长在征求职工意见的基础上，与班组长协商确定。每次会议内容不宜太多，应着重解决一两个实际问题。

（7）建立班组民主管理会议及活动记录本，指定专人负责记录。

2. 班组民主管理会的职责

班组民主管理应当由班组全员参与，班组的重大问题应由班组全体成员讨论和决定，班组长、工会小组长应贯彻班组民主管理会的决议、接受班组民主管理的监督。班组民主管理会的职责主要如下。

（1）贯彻落实企业和车间职工代表大会决议。企业和车间职工代表大会涉及的内容很多，主要是年度计划、安全生产中的重大问题、奖金分配方案等。在传达这些文件时，要结合班组实际，发动职工出主意、想办法、制定各种落实方案和措施，确保完成企业和车间下达的各项任务，具体程序是：听取职工代表传达企业、车间职工代表大会精神，然后根据企业的奋斗目标及对本班组的任务要求，发动群众，群策群力，制定出贯彻落实企业、车间职工代表大会决议的有效措施，再把措施落实到岗位和个人，具体组织实施。

（2）听取和讨论班组生产任务和作业计划。班组生产任务和作业计划是班组生产活动的主要内容。这一项工作的具体程序是：听取班组长根据企业、车间生产任务要求，制订本班组的具体实施方案及其说明。认真讨论班组实施方案是否可行，集思广益，制订和完善作业方案和措施。明确班组每个职工所承担的生产任务和责任。组织岗位、工序、个人之间的劳动竞赛，动员每个职工按质、按量、按计划完成自己的工作，确保全组各项生产任务的完成。

（3）审议通过班组经济责任制考核办法及奖金分配方案。经济责任制考核办法及奖金分配方案涉及每个职工的切身利益，是职工最为关心的一件大事。必须遵循以下原则和程序：组织职工认真学习上级有关政策及规定，按照有关政策规定制订本班组经济责任制考核办法。全员参加讨论班组奖金分配方案。奖金分配实行"三公开"，即奖金来源公开、奖金分配办法公开、奖金分配结果公开，提高班组奖金分配的透明度。

（4）讨论决定班组有关职工生活福利的事项。职工生活福利事项具体到班组，包括生产劳动条件和生活设施的改善、职工困难补助、互助救济以及职工合法权益被侵害时受理职工申诉等内容。做好这项工作的原则和程序是：凡是职工提出的正当合理要求，在班组权限范围内能够解决的，要积极地帮助解决。职工提出的合理要求，超出班组权限的，要积极向上级反映。对生活确有困难的职工，通过民主讨论，提出补助或互助的建议，请示上级工会解决。培养职工集体主义观念，在班组形成互相关心、互相爱护、互相帮助的良好风气，积极开展"建小家、送温暖"活动。

（5）民主选举班组长，并民主评议班组工作。民主选举班组长的工作，一要根据上级的要求进行，二要召开班组民主管理会进行选举，充分体现职工的意愿，让职工行使民主权力。其具体工作程序是：由班组长向职工报告工作完成情况，坚持实事求是、一分为二的原则评议班组工作，勇于开展批评和自我批评。

（6）民主选举职工代表，并对职工奖惩提出建议。这一工作程序是：选举职工代表要根据上级的统一部署进行，候选人的产生要求充分发扬民主，尊重职工的意愿，在表决形式上应尽量采取无记名投票方式。另外，要按照职工的实际工作成绩、贡献大小提出奖惩建议，对先进人物及事迹要宣传表扬。

班组民主管理的其他形式有班组民主管理小组、班组民主管理员、班组民主评议会、班组献计献策会和班组民主生活会。

（二）班组民主管理小组

在规模较大、人员较多的班组，可以根据需要设置民主管理小组，由工会小组长任组长，负责班组日常民主管理工作。班组民主管理小组由工会小组长、班组长、党团小组长、职工代表组成。班组民主管理小组成员，由班组全体职工参加的民主管理会议选举产生，每两年改选一次，连选连任。若有缺员，及时补选。民主管理小组组长一般由工会小组长担任。民主管理小组作为班组民主管理的工作机构，负责班组民主管理的日常工作。

1. 班组民主管理小组的主要职责

（1）负责完成班组民主管理会交办的任务，定期向班组民主管理会汇报本班组民主管理工作情况，检查、督促班组民主管理会通过的有关制度、方案的落实和实施情况。

（2）负责召开班组民主管理会的组织筹备工作。

（3）负责班组民主管理会的活动记录和资料保管等日常工作。

（4）协助班组长做好班组成员的思想工作，听取职工的建议和意见，并向有关领导反映。

2. 班组民主管理小组组长的主要职责

（1）按期主持召开班组民主管理小组会、班组民主管理会、民主生活会和有关专题性讨论会。

（2）负责民主管理资料的收集、整理和台账登记、保管工作。

（3）每月向车间工会汇报一次班组民主管理工作情况，如遇重大问题要及时请示汇报。

（4）了解职工对民主管理工作的意见和建议，有关民主管理工作的设想、安排，应主动与班组长协商。

（5）要善于发挥民主管理小组其他成员的作用，积极协助班组长搞好班组建设。

班组民主管理小组在民主管理小组长主持下开展活动，负责班组民主管理的日常工作。班组民主管理小组一般每周碰头一次，讨论、研究班组的民主管理工作。班组民主管理小组的工作应做到月初有安排、月底有总结，工作情况要定期向班组民主管理会汇报。在贯彻落实班组民主管理会决定的过程中，班组长和民主管理小组长应明确分工，属于生产经营方面的问题，由班组长负责落实，属于民主管理方面的问题，由民主管理小组负责落实。要做到密切协作，共同搞好班组民主管理。

四、班组民主管理工作中应注意的几个问题

班组民主管理是群众性的管理活动。班组职工是民主管理活动的主体，发挥班组每个职工的积极性是搞好班组民主管理的关键。班组长、工会小组长、民管员在班组的生产经营、行政管理、民主管理工作中发挥着骨干作用。因此，发挥班组长、工会小组长和民管员在民主管理中的骨干作用，是搞好班组民主管理的十分重要的一环。

班组民主管理工作应注意以下几个问题。

(一) 建立、健全班组民主管理制度

依据法律法规、政策建立健全适合现在班组工作实际的各项民主管理制度，使班组民主管理有章可循。制订班组民主管理制度需经班组民主管理会表决通过。

(二) 班组长要善于依靠群众，发挥班组集体的智慧和力量

班组长是"兵头将尾"，权小责任大。班组长既是安全生产的带头人，又是班组的行政管理者。因此，要搞好班组工作，班组长要善于依靠班级职工集体的智慧和力量，为工会小组长和民管员开展工作创造条件。

(三) 要选好工会小组长

工会小组长是班组民主管理的组织者和主持人，要选择素质高的同志担任。工会小组长应实行民主管理，充分体现大家的意愿。工会小组长要充分发挥在班组民主管理中的组织作用。工会小组长是班组民主管理会的主持者，因此，工会小组长应把班组民主管理作为工会小组的工作重点，把工会小组办成政治民主、经济民主、生活民主的集体。

（四）可以和班组行政会联合召开

结合实际情况，有时班组民主管理会和班组行政会可以联合召开，但是会议主持人要分开，会议内容要分开，不能混合在一起。

（五）班组民主管理小组不能代替班组民主管理会行使职权

如遇重要问题，可召开班组民主管理小组会协商解决，但作出的决议要在下次班组民主管理会上得到确认。班组民主管理会有权改变民主管理小组的决定。

（六）要注意班组民主管理会和班组会的区别

一是两者的主持人不同，班组民主管理会由工会小组长主持，班组会由班组长主持；二是两者的组织制度不同，班组民主管理会一般每月召开一次，遇有临时需要解决的重要问题也可以随时召开，而班组会开会较多，有些会已成为例会；三是两者的内容不同，班组民主管理会内容比较集中，都是民主管理职权范围内的问题，而班组会内容比较复杂，多是布置生产任务等。

（七）处理好班组民主管理会与班组长的工作关系

班组民主管理会既要代表职工的意愿，维护他们的正当权益，又要教育职工听从班组长的行政指挥，支持班组长的工作。同时要注意尽可能不要用班组会来取代班组民主管理会。

📖 参考文本 1

班组民主管理制度

一、总则

民主管理是班组职工对班组的全面生产活动以及班组各项工作进行讨论、审议、决定和检查，实现职工直接、广泛、经常参与管理班组的一种管理形式。是班组全体职工在法律范围内行使的一种受法律保护、管理班组的民主权力。

二、组织制度

班组职工政治权利平等，有参加在企业组织的一切政治活动的权利，有选举权和被选举权，有批评和自我批评的权利，有受各种规章制度的保护并维护各项规章制度的权利和义务。

（一）民主生活会

1. 班组民主管理的基本组织形式为班组民主生活会。班组民主生活会由全体职工直接参加。

2. 班组民主生活会由工会小组长主持，工会小组长须由工会小组全体成员民主选举产生。

3. 班组民主生活会每年至少召开一次，或根据需要随时召开，每次会议，要保证全班成员的 2/3 以上职工参加。

4. 班组民主生活会讨论决定的事项，必须由本班组的职工同意方能生效，经班组民主生活会在其职权范围内讨论决定的事项，未经重新讨论，不得随意改变。

5. 班组民主生活会决定的事项，与班组长意见不一致时，应相互协商解决，意见仍不统一时可报请中心党政领导和工会进行协调。

6. 班组民主生活会的每次会议要组织专人做好记录，原始记录要做到完整、准确，并妥善处理。

（二）班委会

1. 班委会成员由班长根据工作需要进行任命，包括培训员、安全员、宣传员等。

2. 每月召开一次班委会，班委会成员必须全部参加。

3. 班委会上班长要报告总结当月工作完成情况，布置下月工作计划。

4. 班委会成员对自己所负责的工作项目进行小结，对存在的问题提出改进意见，经班委会讨论并实施。

三、权利与任务

班组生活会有权行使下列权利与任务：

1. 贯彻落实公司、中心职工代表大会决议中涉及本班组的有关事宜；

2. 讨论、审议班组生产工作计划，班组经济责任制方案，以及有关技术、设备、材料消耗等问题，并提出具体落实措施；

3. 讨论决定班组各项规章制度及改革方案；

4. 讨论决定班组奖金分配办法和有关职工生活福利的事项；

5. 听取班长的工作报告，民主评议班组工作；

6. 民主选举工会小组长，职工代表及班委会成员，民主评选先进职工并对职工的奖惩提出建议；

7. 开展合理化建议活动；

8. 经常进行家访和谈心活动；

9. 开展互济活动，并帮助班组成员解决生活中的后顾之忧；

10. 根据公司、中心要求及班组实际情况，开展文体娱乐活动。

四、附则

1. 开会前，班委会要召开会议，确定民主生活会的议题。

2. 班长、工会小组长及工会小组长准备好讨论材料，对有些问题也可在会前在班组提出，引导班组职工进行思考和讨论。

3. 开会时充分发扬民主，尊重职工的民主权利，给全班成员充分发表意见的机会，允许发表不同意见和反对意见。注意活跃会议气氛，形成宽松、和谐、严肃、认真的局面。

参考文本 2

班组民主管理制度及细则

一、班组职责

1. 认真贯彻执行职工代表大会的决议。《企业职工守则》《奖惩条例》和企业各项规章制度。

2. 严格执行操作规程，搞好安全教育，精心维护保养设备，保持生产现场整洁卫生。做好劳动保护工作和环境保护工作，做到优质、高产、低耗、文明生产、安全生产。

3. 建立健全各项规章制度，及时准确认真地填写各种原始记录，统计台账和管理图表。

4. 积极组织职工参加政治、文化、技术学习。做好青工的传、帮、带工作，不断提高职工队伍素质。

5. 搞好精神文明建设，教育班组成员树立主人翁责任感，遵守社会公德和职业道德，履行公民义务。搞好互助互济和计划生育工作，开展有益的文体活动。

二、班组权力

1. 根据队组领导安排的生产工作指标，具体安排工作进度。分配本组织职工工作，组织完成任务。

2. 在作业现场存在重大隐患下，有权停止作业，撤出危险岗位，并及时向有关领导汇报。

3. 班组有权拒绝任何干部的违章指挥，制止任何人的违章作业。

4. 班组对确有成效的技术革新、合理化建议和有重大贡献的职工，有权向上级建议给予记功嘉奖。

5. 班组对严重违反劳动纪律，规章制度而造成重大设备质量，人身事故的职工或严重违法乱纪的职工，有权向上级呈报给予处分。

6. 班组对企业的大政方针、发展规划及一切生产经营活动有参与建议权。

7. 班组有权对企业各级干部实行民主监督和评议，有权向职代会和上级领导提出对干部的奖惩意见。

三、班组长主要职责

1. 班组长是班组的安全、思想政治工作、生产经营活动及其他一切工作的第一责任者。

2. 大力推动班组民主管理，深化班组内部改革，自觉运用目标管理、全面质量管理、定员定额管理等办法，最大限度地调动全班成员的积极性和创造性，全面完成上级下达的各项经济技术指标。

3. 主动做好班组的思想政治工作，组织好班前会，组织各种例会、班组的政治学习，经常进行家访谈心活动。

4. 与工会小组长一起拟订班组升级规划，带领全班组成员积极参加班组升级赛，同时，组织好班内部的竞赛和岗位练兵、技术比武活动。

5. 始终不渝地贯彻安全第一的方针，认真组织安全质量检查。在自觉接受群监员的安全监督的同时，支持群监员搞好岗位监督。

6. 经常检查班组各类台账的记录情况。

四、工会小组长主要职责

1. 配合和协助班组长搞好班组各项工作。

2. 运用多种形式组织好班组的民主管理活动。关心班组工人生活，同时搞好互助互济，帮助他们解决具体困难。及时向矿工会和有关部门的领导反映工人的意见要求和建议。

3. 负责班组各种竞赛的发动和评比工作，大力宣传报道本班组先进事迹、先进人物，组织班组文体活动，完成矿工会布置的各项任务。

4. 做好班组的劳动保护工作，支持配合群监员搞好岗位安全监督检查。

五、班组三大员主要职责

1. 政治宣传员

①协助两长做好思想政治工作，经常组织职工学习时事政治；

②搞好班组园地、表扬好人好事，做好宣传报道工作；

③组织班组的文体活动，丰富职工的业余文化生活。

2. 民主管理员

①积极组织班组合理化建议活动，广泛征求认真听取班组织工人意见，不定期向工会小组和职工代表反映；

②参与班组内部分配方案和岗位责任制的制订，做好经济分配"三公开一上墙"（出勤、分数、工资奖金）；

③协助两长开好民主生活会，做好班组的民主评议，民主推荐、民主

评比等工作。

3. 群监青岗员

①参与制订本班各种质量责任；

②配合班组长把好安全质量关，开安全质量分析会，做好本班安全质量记录。

六、台账和园地

（一）及时准确，完整地记录班组台账，不仅是班组管理的需要，而且能为企业管理提供原始资料和数据，是一项重要的基础工作，必须认真对待。

每个班组设物质文明台账、精神文明台账、安全合格班组台账各一本。

1. 物质文明台账的主要内容有：

（1）产量计划完成记录；

（2）产品质量记录；

（3）安全生产记录；

（4）材料消耗记录；

（5）小组活动记录；

（6）岗位练兵；

（7）合理建议记录；

（8）劳动竞赛记录。

2. 精神文明台账的主要内容有：

（1）政治及业务学习记录；

（2）家访及谈心记录；

（3）民主管理记录；

（4）好人好事记录；

（5）表彰奖励记录；

（6）文体活动记录；

（7）计划生育记录；

（8）生活福利记录。

（二）班组园地能比较醒目地反映班组自然概况和工作概况。办好班组园地，对于增强班组引力，激发职工积极性有非常重要的意义。主要内容有：班组自然情况；班组规划和目标管理图；目标完成情况（产量、质量、安全、出勤）；好人好事表扬栏；班组主要荣誉等。可用表格示意图、曲线图、坐标图等图表简单表示。

七、奖励办法

（一）每月对班组进行一次考核，年终组织检查评比。

（二）全年每月均被考核为优秀班组的，年人均奖励 30 元；被公司评为优秀班组的，年人均奖 50 元；评为市红旗班组的，年人均奖励 80 元；评为省先进班组的，年人均奖励 100 元。奖励费用从企业奖励结余中列支。

📖 参考文本 3

如何发挥班组管理的民主能量

班组是企事业单位的细胞。班组民主管理，是班组全体职工按照法律规定，通过一定的组织形式，对班组权限范围内的事务，行使民主管理权力的活动。长期以来，在班组实行民主管理始终是我国企事业单位管理制度的重要特色之一，在维护广大职工合法权益，构建和谐劳动关系，促进企事业单位和谐发展等方面发挥了积极作用。因此，应充分认识加强班组民主管理的重要意义，采取有效措施切实加强班组民主管理。

一、加强对班组实行民主管理的组织领导

各级党委行政要真正把班组民主管理摆在推进基层民主政治建设重要议事日程。进一步健全完善领导体制和工作机制。探索建立民主管理考核机制，在5S咨询工作中把包括班组民主管理在内的民主管理作为上级党组织考核企事业单位领导班子的重要指标，作为提拔任用企事业单位领导人员的重要依据。制定企事业单位班组民主管理评价标准，建立班组民主管理奖惩制度，把它纳入企事业单位党风廉政建设责任目标，建立责任追究制度，纳入党政领导班子工作实绩考核体系，纳入企事业单位经营管理人员年终考核目标。高度重视班组建设，把班组民主管理纳入班组建设的重要内容，加大投入力度，建立健全班组民主管理制度，以健全班组民主生活为基础，加强班组民主管理，形成团结、民主、和谐的气氛和环境，增强班组活力。

二、加强对班组实行民主管理的分类指导

各级工会组织要加大对班组实行民主管理的分类指导。为了更好开展班组民主管理，在国有企业一些职工人数较多的班组，可以建立班组民主管理小组，主持班组民主管理工作，对班组民主管理会负责。对于职工分散、流动性大的班组，可以简化程序，每2~3个月召开1次班组民主管理会，但会议内容不能随意减少，应当突出重点，确保班组民主管理的针对性和实效性。对于非公有制企业开展班组民主管理要在提高建制率、扩大覆盖面上狠下功夫；对于小微型非公有制企业，要建立联合班组，组织职工围绕劳动法规执行、工资、劳动环境改善等实行民主管理，落实职工的知情权、参与权、表达权、监督权。混合所有制企业要积极创造条件，推动班组实行民主管理，保持企业和职工队伍稳定。学校、医院、科研院所等事业单位，要针对专业技术人员集中的实际和特点，在工会组长或职工代表主持下，通过民主管理会等形式开展民主管理活动。

三、突出班组民主管理工作的基本形式和重点

班组民主管理的基本形式是班组民主管理会。班组实行民主管理，要紧紧围绕以下重点进行：贯彻落实公司、车间职工代表大会决议中涉及本班组的有关事宜；讨论分析班组生产计划，通过班组经济责任制方案，提出并组织落实完成生产指标具体措施；讨论制订修改和落实班组各项规章制度；讨论决定班组奖金分配方案和有关职工福利事项；听取班组长工作报告，民主评议班组工作；民主选举班组长和职工代表，民主选举、推荐先进工作者，对职工晋级和奖惩提出建议；监督公司、车间行政贯彻落实国家有关劳动和劳动保护的法律法规情况；评议企业经营管理人员；

等等。

四、严格规范班组民主管理操作

要严格按照国家有关规定和要求建立健全符合班组工作实际的各种民主管理制度，使班组民主管理有章可循。严格规范班组民主管理会由民主选举产生的工会组长主持，每月召开 1 次会议，应当有本班组 2/3 以上职工参加，围绕涉及企事业单位发展和职工切身利益重要事项履行参与企事业管理、决策和监督职责，决定班组有关事项；讨论决定通过事项，必须有班组全体职工过半数同意才能生效。要把班组民主管理会作为实行班组事务公开的主要平台或载体，有效落实广大职工的知情权。要规范班组民主管理其他形式。要妥善处理好民主管理会与班组长的关系，不能用班组长主持的班组会代替班组民主管理会。健全班组民主管理会议资料台账。

此外，需加大培训力度不断提高职工参与管理、决策和监督的整体素质。企事业单位各级行政要积极支持工会组织开展职工代表培训活动，在经费、时间、场地上给予保障。要根据职工的实际能力和参与企事业管理的实际需要合理确定培训内容，持续强化广大职工的民主意识，提高参与企业管理、决策和监督的能力。

思考题

1. 实行班组民主管理的意义和作用有哪些？

2. 如何有效发挥民主管理中的班组"能量"？

第七章

职工代表参与民主管理其他工作

为适应企业发展的需求，工会还可以通过开展合理化建议活动、建立职工代表巡视制度等方式，不断深化推进企业民主管理工作。职工代表在企业民主管理中发挥着重要作用。

第一节 工会开展合理化建议活动

开展合理化建议征集活动是职工民主管理的形式之一，是企业贯彻落实习近平总书记系列重要讲话精神，落实全心全意依靠职工、尊重职工主人翁地位的重要途径。每年，各企业的工会组织都要围绕本单位的中心工作，组织开展一些合理化建议征集活动。

一、找准位置、选准路径是工会组织深入开展合理化建议活动的关键

开展合理化建议活动是提高企业生产效率、降低成本、增加利润收入的有效举措。近年来，随着我国企业改革的逐步深入，职工合理化建议活动不仅越来越受到重视，而且具有法律保证。工会作为企业合理化建议的组织者和实施者，能否开展好这项活动，最大限度地调动广大职工的积极性和创造性，关键在于发挥好自身的优势和特点，找准位置、选准路径。具体来说，就是在活动中注意做到两个结合。

（一）活动必须注意与企业生产实际相结合

企业的生产主要包括生产技术和经营管理两方面，不同的企业在这两方面的工作重点是不同的，在开展合理化建议活动中主题也是不同的。如施工企业应着重在提高工程进度、提升工程质量等方面开展活动。发电企业要围绕如何降低煤耗、提高热能利用率、确保设备稳定运行等方面开展活动。供电企业则要把如何确保供电、为用户提供优质服务等作为活动的主要内容。如果不注意联系各自实际，活动就会事倍功半，起不到应有的效果。同时，在开展活动中，组织者还应注重引导职工在自己最熟悉、最了解、最擅长的工作实践中去发现和挖掘存在的问题，提出有效的解决方

法，发挥职工的聪明才智。

（二）活动必须注意与企业文化建设相结合

合理化建议并不是一个单纯的概念，它是现代化大生产的产物，是推进技术进步、实行科学管理、增强企业竞争实力的有效举措，其实质是通过活动，调动职工的主人翁精神，发挥职工的聪明才智，群策群力共谋企业发展。企业文化是一个企业在长期发展过程中所形成的具有企业独特性质的价值观念和行为模式，这种文化一旦得到全体职工的认可，并与企业管理和企业思想政治工作发生联系后，就会产生一种内在的精神动力，从而激发出职工的生产积极性和创造性。从这一点来说，二者有着本质的联系。开展合理化建议活动，也是企业文化建设的一部分，只有让职工在企业文化中得到熏陶，才能更有效地激发职工投入合理化建议活动的热情。

二、适应形势、创新思路是工会组织深入开展合理化建议活动的根本

（一）做好宣传工作

工会信息化建设的发展，为广泛宣传征集合理化建议提供了有效途径。

1. 工会组织要充分利用网络、广播、闭路电视、局域网、集团网、会议等形式，深入做好开展合理化建议的宣传动员工作，让职工充分认识到开展合理化建议征集活动的目的和意义，调动职工参与活动的积极性。

2. 要宣传合理化建议的定义和范畴，让职工明白什么是合理化建议，知道合理化建议不仅仅是指出问题和不足，还要提出相应的解决措施。

3. 要让职工清楚了解合理化建议提交的渠道和程序，避免职工想参与但不知道怎么办的困惑。

（二）建立有效工作机制

1. 在工会组织中设立专门机构和工作人员

随时接收职工的合理化建议，并进行认真分析、筛选分类，及时传递

到行政有关部门进行研究评估。对决定采纳的项目提出意见和建议，并及时组织实施，使职工的好建议能以最快的速度转化为企业的经济效益。

2. 开通多种提建议的渠道

如邮件、局域网、建议箱等，方便职工提交，同时设立有效的反馈渠道，便于职工及时了解自己所提合理化建议的落实情况，增强自豪感和满意度，更好地调动职工参与的积极性。

（三）建立激励机制

合理化建议工作成效，取决于职工参与的情况，要激励全员参与，必须建立有效的激励机制。常见的激励机制主要包括物质奖励和精神奖励。

1. 组织各方面技术专家对每年征集到的合理化建议进行评奖，对有价值的优秀合理化建议给予一定的物质奖励，并进行公开表彰；

2. 对其他参与这项活动的职工，即使所提建议并不合理、没有新意，也要安排相关部门在相应范围内及时给予回复，使他们得到精神上的鼓励；

3. 对职工参与合理化建议活动的情况进行备案和存档，通过活动发现职工的潜力和特长，从而为以后的职工培训提供相关依据。

工会组织是企事业单位党政领导联系职工群众的桥梁和纽带，会员分布在单位内各层次，具有广泛的凝聚力和影响力，工会组织要充分利用这一得天独厚的优势，积极做好合理化建议活动的宣传和发动工作，以合理化建议活动为载体，最大限度地把职工的工作热情和创造活力、"金点子"激发出来，引导广大职工积极为企业的改革、发展和稳定献计献策，使职工在改革创新、促进发展、维护稳定和构建和谐企业的主力军作用得到充分的展现。

参考文本

××集团公司合理化建议活动实施方案

为调动和发挥广大职工的主力军作用，提高职工参与管理提升活动的积极性、主动性和创造性，××集团公司管理提升工作第九小组工会工作组于7月10日在公司召开会议，决定在全体员工中开展"积极融入管理提升活动，我为企业发展献计献策"合理化建议活动。

一、活动主线

合理化建议活动要紧紧抓住加快转变经济发展方式这条主线，以解决企业管理和生产经营中存在的突出问题和薄弱环节为重点，组织职工积极建言献策，以进一步提高集团公司及企业的管理水平和经济效益，促进集团公司又好又快发展。

二、活动重点

合理化建议活动要力求全员参与，形成良好氛围，与已经开展的各种劳动竞赛活动相结合，为集团公司、上级企业、本级企业提出合理化建议。

合理化建议活动要紧密联系工作实际，有效融入管理提升活动，围绕如何改进管理工作和提高经济效益提出合理化建议。合理化建议的实际价值不取决于建议的大与小，贵在合理，重在可行，旨在实效。每项内容应尽可能具体化，找出问题和不足，提出解决问题的措施和建议。

三、活动安排

合理化建议活动时间：202×年×月×日—202×年×月×日。

合理化建议活动原则上分为宣传发动、建议征集、审定采纳实施、总结申报等阶段。具体活动方案由各企业工会根据实际情况制定并组织实施，制订和实施活动方案，重点应放在提高合理化建议的参与率、采纳率和实施效果上，确保合理化建议活动统筹谋划、有序推进、富有成效。

宣传发动：主要是利用各种宣传媒体发布信息，大力宣传开展合理化建议活动的意义，提高职工群众参与的积极性；印发建议征集表，明确合理化建议的重点和范围。

建议征集：主要是围绕上级企业及本级企业开展管理提升活动的重点、难点问题，围绕制约生产和管理的瓶颈环节，列出建议专题，积极引导职工动脑筋，想办法，结合各自岗位及接触的管理领域，提出切实可行的建议；利用各种途径、形式把职工提出的合理化建议征集上来，并进行登记、归纳和梳理。

审定采纳实施：主要是组织有关人员对合理化建议进行评审，将审定结果反馈给建议人，并将采纳的建议及时交付有关部门组织实施，使合理化建议尽早发挥效益，转化为生产力。

总结申报：主要是对征集采纳的合理化建议的直接或间接的经济效益进行评估，在认真总结合理化建议活动开展的基础上，评选出优秀合理化建议并进行奖励，需要申报的应当及时逐级上报。

四、活动要求

1. 各企业要提高对管理提升活动的认识，加强工会对合理化建议活动的组织领导，确定专人负责，真正使合理化建议活动成为依靠职工办企业、职工参与企业民主管理的有效载体。

2. 开展合理化建议活动是工会工作融入管理提升活动的重要内容。各企业工会要根据自身的情况和特点，不断拓宽合理化建议的领域、层次，丰富其内容。采取有效的活动形式，激发广大职工的参与热情。要面向基层，注重实效，积极引导广大职工紧密联系工作、岗位实际，提高合理化建议活动的针对性和实效性。

3. 对所征集的合理化建议，要做到条条有回音，对有价值的建议要集中精力抓好落实，提高建议的采纳率。对采纳实施并发挥效益的优秀合理化建议，所在企业工会要对建议人进行奖励，做到奖励兑现。集团公司工会将对提出优秀合理化建议的个人和活动开展先进单位进行表彰，有关申报材料和总结于 2022 年 7 月底前报集团公司工会。

4. 各企业要在总结本次活动的基础上，建立健全开展合理化建议活动的常态化机制，定期总结表彰，及时兑现奖励，把合理化建议作为凝聚职工聪明才智、调动职工工作热情的有效载体和活动方式，确保广大职工的好建议及时运用到企业经营管理实践中，促进企业各方面工作的不断进步。

第二节　工会建立职工代表巡视制度

职工代表巡视制度是企业保证职工民主监督权利、参与企业管理的重要举措，是落实好职代会制度的重要手段。如何完善职工代表巡视制度，把职工代表巡视制度不断引向深入，将民主监督和科学化管理落到实处，把干群关系建立好是新形势下企业工会工作的重要内容。

在新型企业管理模式下，职工对企业的发展有监督管理权。在工会工作中，进一步深化职工代表巡视制度是对职代会制度的完善和补充，能有效推动企业科学化管理的进程，落实民主监督的实效性，在企业管理者与普通职工之间搭建沟通的平台。

一、建立职工代表巡视制度的重要性

职代会在企业发展过程中发挥着重要作用，维护着企业职工的合法权益，对企业的运行管理起到有效的监督。随着企业的不断发展壮大，职代会制度也需要进一步完善，需要有相应的制度作为辅助和补充，职工代表巡视制度能有效弥补企业监管的缺口，使企业的整体运营过程都能有职工代表来参与监管，调动员工的积极性，发挥群策群力的优势作用，建立完善的劳动保障关系。

（一）职工代表巡视制度建立的目的

现代企业管理中常出现企业与员工之间的各种矛盾，在过去企业监管过程中工会发挥着重要作用。随着职工代表巡视制度的普及，职工代表巡视被广泛应用于企业管理的各个环节中，突出职工代表的重要作用。职工代表巡视制度的建立应该基于以下目的。

1. 使职工的主人翁地位得到体现

职工是企业的主人，现代化的企业管理需要有广大职工的积极参与。突出职工在企业监管中的地位和作用，实现民主化管理。这就对企业的工会工作提出了新的要求，需要通过职工代表巡视制度的建立，打造和谐的劳动关系，推动企业的科学发展和稳定。职工代表可以深入企业工作的第一线，通过座谈会、现场督查等多种形式参与到企业管理中来，对企业的各个重要环节进行督导检查，认真听取相关岗位人员的工作汇报，积极搜集企业改革的合理化建议，把来自各个领域的呼声统一起来，有针对性地逐步完善，更有利于巡视作用的发挥，因此需要确立广大职工的主人翁地位。

2. 科学化与专业化的监督形式的运用

企业中不同的岗位有不同的工作性质，职工代表巡视制度需要组建专业化的队伍，这样可以有针对性地监督企业经营内容相关的各领域，保证监督工作的科学化与专业化。不同工作岗位的职工代表，更容易把握各自岗位的特点广泛参与到巡视检查队伍中来，可以做到提前发现问题，及时进行必要的工作调整，对工作的过程进行检查，可以将实践过程中的困难和不足进行弥补，对工作后的检查、总结、回顾，能更有效地总结经验、发现不足。这一套巡视检查体系的全过程，充分体现了科学化和专业化的原则，为企业的合理决策提供必要的保障，因此需要坚持科学化与专业化的监督形式。

3. 探索和建立和谐的劳动关系

建立职工代表巡视制度的目的在于探索和建立和谐的劳动关系，从而保证最广大职工群体的切身利益。工会工作如果只是建立在领着职工娱乐、搞搞活动等形式上的东西，不能切实做到为广大职工服务、帮助职工排忧解难、为职工提供必要的劳动保障，工会工作将毫无意义。职工代表巡视制度的建立，应该立足最基层的职工需求找到有效的管理模式，让这项制度成为企业发展的监督机制的同时，也能成为推动企业发展的动力机制，而不是企业发展的包袱。职工代表巡视制度应该重点围绕职工待遇问题、劳动合同问题、职工福利问题、生产责任问题等多个方面展开，其目的在于对企业生产经营的各个环节起到监督作用，让员工参与到企业的监管中来，让员工与企业之间的劳动关系更加和谐，因此需要积极探索和建立和谐的劳动关系。

（二）建立职工代表巡视制度需要重点抓好的几个问题

企业工会通过职工代表巡视制度来反映企业管理过程中存在的问题，及时对发现的问题进行处理。建立职工代表巡视制度需要重点抓好以下几个方面。

1. 确定优秀的职工代表

职工代表不仅是个人利益的代表，也是整个企业员工利益的代表，在不同的岗位上都能涌现出优秀的员工，他们完全有能力参与到企业相关领域的监管中来，实现企业的民主监督，推动企业管理的科学化，让企业稳固发展。建立职工代表巡视制度，要让职工代表的能力得到最大限度的发挥，可以通过思想政治教育和业务水平培训等形式提高职工代表的综合素质，广泛参与到企业的监管活动中来，行使广大职工赋予他们的权利。职工代表是职工代表巡视制度的重要抓手，每次通过民主推选都能让优秀的员工脱颖而出。这些员工参与到职工代表巡视工作中来，能对相关领域的工作起到有效的监督作用，推动企业的健康可持续发展，成为建立企业职工代表巡视制度的重要抓手。

2. 完善巡视流程和内容

职工代表巡视制度的内容要想更加丰富、流程更加顺畅，应对一些重大事件的处理形式更加科学，进而保证职工代表巡视制度的有序运行。要建立完善的职工代表巡视制度，有重点、有主次地对具体工作通过茶话会、交流会等形式反映企业民主化管理的需要，明确企业民主管理的方向和需要，建立长效的配合机制，保证巡视过程的顺利开展。职工代表巡视的内容要细化，相关要求要让岗位员工熟悉，这样针对具体的问题，职工代表能够客观判读出岗位工作人员的具体工作是否得体、工作效果如何，更能体现职工代表巡视制度的科学化。对于特定问题，职工代表会通过专家代表讨论的形式，及时把问题进行研究讨论，提出有效的解决方案，保证巡视过程和内容符合巡视制度的需要。

3. 抓好巡视反馈和调整

在企业经营管理过程中，职工代表有权参与企业的监管工作，要使监督的效果落实得更具体，需要建立职工代表巡视制度，对检查前、检查中、检查后的问题及时向职代会进行反馈，保证职工的合法权益。在巡视检查前，要有针对性地制订检查计划，对于可能出现问题的环节进行重点检查，对于广大职工普遍关心和关注的问题给予足够重视，做到组织有序、设计周密、目标明确。在巡视检查中要广泛听取相关领域职工的介绍，对于职工反映的合理化建议要积极地予以采纳，整个检查过程做到细致具体，不能放过一个死角，发现问题及时调整方案，任何机构都要自觉接受职工代表的检查。在巡视检查后，要督促问题较为突出的重点环节及时整改，并对整改结果上报到职代会，接受职工代表的再次检查。

二、职工代表巡视活动的构成人员及工作的开展

（一）职工代表巡视活动的构成人员

职工代表巡视制度需要有检查人员来督查此事，那么检查人员由哪些人组成呢？首先就是职工代表。职工代表由职工代表大会通过选举产生，职工代表对巡视制度有监督检查的权利。另外，还由工会和行政业务主管部门人员组成。职工代表巡视活动一般由工会组织，由各相关部门协办，由各接受检查的部门配合完成。

（二）职工代表巡视活动的开展

职工代表巡视活动工作的开展情况是细致和复杂的。首先，要派职工代表深入广大群众中去，听取广大职工群众对企业和领导的意见。根据广大职工群众的意见去调查取证。同时要听取受检单位负责人的工作汇报。

其次，根据群众意见和受检单位负责人的汇报，要对相关资料进行查阅，看看群众的意见是否属实，看看负责人的汇报是否属实，是否存在失实和漏洞。再次，如果发现问题，要对查阅过程中出现的问题进行评议，看看是否违反了职工的利益，符不符合企业的宗旨。最后要根据企业的实际情况提出问题和整改意见，并进行总结通报。这就是职工代表巡视的基本工作开展流程。

三、职工代表巡视的内容和作用

随着企业的发展，职工与企业之间的矛盾更加复杂，工会在调节职工与企业之间的矛盾问题上发挥着重要作用。职代会制度是工会工作的重要组成部分，职工代表巡视制度则是对职代会制度的补充，能更有效地为企业管理问题提供监督，保证企业职工的合法权益。随着职工代表巡视制度的落实，企业和职工都有了保障。

（一）职工代表巡视的内容

1. 就工资分配情况进行巡查

为了保证广大职工的生产积极性，保证各项工作的顺利开展，巡视组需就企业的工资分配情况进行巡查。第一，本着按劳分配的原则，多劳多得，少劳少得，不劳不得。对于生产一线的脏活累活要多付报酬。第二，对于企业中技术含量高的岗位，要给予较高的工资待遇，技术是企业的生命，没有过硬的技术，企业很难发展好，所以广大职工应尊重高技术人才。第三，加大考核力度，严把质量关。

2. 就劳动用工专项整治情况进行巡查

为进一步规范企业劳动用工行为，加强劳动合同管理，维护劳动者的合法权益，组织职工学习《劳动法》《劳动合同法》等相关法律，对企业劳动合同、社会保险、养老金缴纳等情况进行全面的督查，对于离退休职工养老金、伤残职工抚恤金和困难救济金等资金的发放情况进行检查，还要对职工培训、是否参加工伤保险等情况进行巡查。

3. 就劳保用品的发放情况和厂务公开情况进行巡查

企业应该定期发放劳保用品。但是现在很多企业劳保用品要么不发，要么少发，所以对于企业是否定时定量的发放劳保用品也应该定期巡查。现在一些企业主张厂务公开，这有利于企业资金的分配合理化，让职工来监督企业的资金情况，那么巡视组就有必要对企业的厂务公开情况进行巡查。

（二）职工代表巡视的作用

自从有了职工代表巡视制度，巡视工作就发挥着越来越重要的作用。无论是党政领导的支持、基层的支持和理解、劳动关系的处理还是职工代表的积极参与，都凸显出职工代表巡视制度的优越性。

1. 领导大力支持保证职工代表巡视制度顺利开展

职工代表巡视制度是企业工会工作的重要创新，只有企业领导对工会工作大力支持，才能更好地突出职工在企业中的主人翁地位，从而在企业管理中构建和谐的干群关系。构建职工代表巡视制度就是在企业中建立良好的干群关系的最好体现，也是民主管理的集中体现，因此，作为企业的管理者要支持和鼓励这项制度的建立和落实，并要求相关部门配合工会做好巡视监督工作，在企业中形成和谐的劳动关系共同推动企业的发展。另外，企业的主要领导中要有专人负责协调职工代表巡视工作，抓好巡视的宣传、调查、反馈等相关工作，保证巡视制度落实好，有收效，让更多优秀的职工代表参与到巡视监督管理中来，为企业的科学化管理出谋划策。

2. 基层支持保证各部门职工代表的合法权益

职工代表巡视制度要把保障最广大企业职工的根本利益作为出发点，在巡视过程中坚持以人为本、全面落实职代会制度、调动职工工作的积极性、保证职工代表的主体地位，才能赢得最广大职工的尊重和信任。职工代表巡视制度要重点解决职工的工作环境问题、福利待遇问题、健康保障问题、培训教育问题，等等，对于职工提出的合理化建议要做好记录和反馈，通过论证被确定为行之有效的方案要积极予以采纳。在巡视活动开展前要及时掌握基层群众普遍的呼声，并围绕群众关心、关注的问题进行深入论证，实事求是依法维护职工的正当权益。职工代表巡视制度要充分体现代表的地位，让职工代表感受到来自企业领导者和职工的信任，积极参与到企业的民主化管理中来，努力学习各方面知识，增强发现问题、分析问题、解决问题的能力，保障广大职工的合法权益。

3. 劳资关系的处理

职工代表巡视制度本身是对企业进行监督、对职工进行约束、平衡好劳资关系。有了职工代表巡视制度以后，企业在劳资关系的问题上明显有了改善。首先，企业受到了职工代表的监督，在对待职工利益的问题上，要时刻为职工着想，职工也同样受到了约束。所以对于企业和职工来说，职工代表巡视制度是双赢的，对于企业和职工来说劳动关系都得到了平衡。

4. 职工代表积极参与

过去没有职工代表巡视制度以前，职工代表无法行使自己的权利，觉得职工代表形同虚设，有一种傀儡的感觉。现在不一样了，有了职工代表巡视制度，职工代表是受到尊重的，这就提高了职工代表的积极性，让他们愿意参与到这个巡视制度中来，同时把积极的东西带回到职工中去。

四、完善职工代表巡视制度需要解决的问题

职工代表巡视活动也应该立足于解决具体的问题，要推动企业的科学发展，不能流于形式，要讲求实效，围绕企业的中心工作来开展。不过，职工代表在巡视中还存在一些问题。

（一）职工代表参与企业监管的范围比较有限

参与巡视的职工代表应该有很强的代表性，能代表更大范围的职工，反映客观存在的现实问题。然而有些企业尽管建立了职工代表巡视制度，

但职工代表的岗位分配不合理，有些部门没有职工代表参与到巡视监督过程中，也有些企业职工代表的巡视和监管权限是受到约束的，不能真正行使监管权力，职工的主人翁地位受到冲击，影响职工代表巡视制度的效果。

（二）职工代表巡视检查活动时常受到干预

检查活动是代表着一定群体的利益的，所以在检查过程中难免会对个别利益群体的人产生影响，因此职工代表的巡视检查活动时常受到干预。例如，有的企业在进行违规操作责任检查时，职工代表发现有违规现象的发生，此时如果进行通报，势必会影响到有些人的利益。因此职工代表会受到来自多方面的压力，影响到职工代表巡视制度的落实效果，使监督的力度受到不同程度的影响。

（三）职工代表巡视活动的流程缺乏规范性

之所以要建立和完善职工代表巡视制度，是为了企业能够更好地发展，只有企业真正发展好了，职工的利益才能得到保障。当前有些企业建立的职工代表巡视制度，其出发点也是好的，想通过这样一项制度来进一步规范企业的监督管理工作，然而在实际监督巡视的过程中，计划缺乏客观的依据，方案与具体实施过程出入较大，具体巡视过程对重点环节的监管不够，等等。一些流程的随意性较大，缺乏规范性。

（四）对职工代表巡视检查结果的重视度不够

对于职工代表巡视制度来说，发现问题不是关键，问题的关键在于如何根据职工代表检查的结果，结合本部门的工作特征进行有针对性整改。现在有很多企业职工代表巡视制度就是一种形式，工会工作被人误解为领着员工玩一玩、发点纪念品，等等。一些企业不论职工代表什么时候进行巡视检查，检查的结果如何，都觉得这个事跟自己没关系。即使自己部门有问题，职工代表能把我怎样？经理都没要求我进行整改，职工代表有什么权利要求我进行整改？这些错误的思想对职工代表巡视制度产生很多不利影响。

（五）职工代表巡视检查的形式与内容比较单一

职工代表巡视制度不能简单地只为了保障职工的权益，而是要有大局意识，通过丰富的内容和多样化的手段，更好地落实职工代表巡视制度。有些企业的职工代表巡视制度就是走走看看，找一些工作岗位的员工简单谈谈了解一下情况。也有的检查碍于面子点到为止，不解决实际问题。有些企业的职工代表巡视制度采取的也是事前、事中、事后几种监督形式，但表现出的形式却是事前参与不知道即将监督的内容是什么，事中监督不知道正在检查的部门负责什么，事后监督不了解存在问题的部门具体问题是什么。

因此，职工代表巡视制度要做出如下改进。

1. 改进机制，保证职工代表巡视制度的规范化

每一个企业应该有相应的制度。同时对于职工代表巡视制度，应该每年一次针对不同的问题，而不是每年都要例行公事。比如今年可能是劳动问题明年可能是合同问题等，所以这种巡视制度应该弹性化、人性化，不要机械化、教条化。这种机制应灵活根据企业的实际情况来制定，同时要参考广大职工的意见。每次要选择广大职工最为关注的问题进行巡视，不要回避，要敢于面对全力解决。

2. 突出检查实效，保证职工代表巡视制度落实具体

职工代表巡视制度的主体是职工代表，客体是企业，处理主客体之间的关系目的在于更好地服务于最广大职工、服务于企业、服务于经济社会发展。因此，职工代表巡视制度要从全局的利益出发，以企业发展的客观实际为出发点和根本归宿，不能"左"也不能"右"，要辩证地、科学地看待问题，化解各种矛盾，使其成为推动企业和谐发展的重要动力因素。参与巡视的职工代表在巡视前要了解企业发展的方针和规划，熟悉相关岗位的流程与具体需求，要根据不同岗位的特点，结合企业发展的实际，有针对性地制定有效的巡视方案。在巡视过程中要认真履行既定的方案，对于巡视过程与既定方案有冲突时要及时调整，做好说明，以便事后对相应问题进行论证解决。在巡视后要对发现的问题进行通报，该整改的要限期

整改，该暂停的要暂停，该奖励的要进行奖励。这样整个巡视检查过程都完整有序，突出了巡视制度的实效性。

3. 坚持民主监督，保证职工代表巡视制度的客观性

职工代表巡视制度建立的落脚点，是按照劳动关系来实现企业民主化管理。也就是说巡视过程中，包括对劳动关系的监督，作为企业的工会要对不同岗位的劳动关系进行必要的宣传，让职工了解自身所从事岗位的劳动规程是什么，以便维护自身的利益。职工代表巡视制度的建立，要以《工会法》为基础，以《企业民主管理规定》为依据，有效监督企业的管理机制，依法保障广大职工的切身利益。职工代表巡视制度要通过宣传、教育、培训等形式，让广大职工增强自我保护意识、法律意识，鼓励广大职工通过法律规范和谈判等手段为自己争取必要的权益。职工代表巡视过程中发现的问题，要及时处理，讲原则，重效果，采取有效方式保证民主监督制度的公正性与客观性。

4. 围绕问题主线，保证职工代表巡视制度务实有力

企业要努力抓好与生产有关的各个环节，职工代表巡视制度也要围绕企业发展的主要问题来开展。要保证巡视制度的务实有力，才能更好地服务于企业的发展。一些大型企业工会工作往往都是基层工会在每季度初制订相应的方案，各部门分工会（工会小组）结合本部门的工作特征，单独搞一些活动，最后将结果进行上报，从内容和形式上看没有任何问题，而实际上并没有突出工会工作的整体效果。之所以要建立和完善职工代表巡视制度，就是在企业宏观层面开展这样的活动，对企业的主要问题进行调查论证，全面、科学、具体地把握企业面临的问题，尤其针对巡视过程中发现的突出问题，能够及时得到解决，达到巡视的目的。

综上所述，职工代表巡视制度是职代会制度的补充，对于企业民主监督和科学发展起着至关重要的作用，也是和谐劳动关系建立的重要保障。企业要结合实际进一步深化职工代表巡视制度，实现企业的民主选举、民主协商、民主决策、民主管理、民主监督，推动企业可持续发展。

第三节 如何发挥职工代表在民主
管理工作中的作用

切实加强职工代表队伍建设，发挥好职工代表在民主管理工作中的积极作用，提升职工代表民主管理水平，是新时期企业工会组织在协调劳动关系中必须认真思考和实践的课题。

一、加强职工代表队伍建设，提升民主管理水平

（一）充分体现职工代表队伍的群众性、广泛性、代表性

工会在职工代表大会换届时要缜密制订选举方案，依照《企业民主管理规定》确定职工代表的人数和进行合理的比例分配，保证选举的职工代表具有一定的广泛性。

（二）创新职工代表选举产生机制，全面推行职工代表竞选制度

合理划分选区和组织选举工作，以班组、科室为代表组进行选举，按照分配的代表名额，充分酝酿出候选人，组织职工采用无记名投票方式差额选举。真正选出那些政治觉悟和政策水平高，业务知识和管理能力强，能够做好本职工作，有较强的责任感，在群众中有较高威信的职工成为职工代表，在企业民主管理工作中为职工群众代言。

（三）加强职工代表能力建设，提高企业民主管理水平

职工代表的素质能力决定着企业民主管理水平的高低，企业工会组织只有在职工代表队伍的素质能力培养上坚持出实招、办实事、求实效，才能切实提高职工代表队伍的整体素质，发挥好职工代表在提升企业民主管理、协调劳动关系中的积极作用。近年来，一些基层工会以企业"素质提升年"活动为契机，扎实开展"争做学习型职工代表"活动，积极为职工

代表搭建学习成长的平台，努力提高职工代表队伍的整体素质。

二、创新工作方法，充分发挥职工代表民主管理作用

（一）依托职工代表大会平台，充分行使职工代表权利

召开职工代表大会是职工代表发挥参政议政作用最具体的表现，职工代表可以集中行使审议建议权、审议通过权、审议决定权、评议监督权、推荐选举权，充分表达群众的意愿和呼声。凡是日常工作中出现的焦点和难点问题，都可以提交职工代表大会会议审议。

（二）创新工作方法，充分发挥职工代表日常作用

在日常工作中，职工代表的工作范围伸缩性强。为此，企业工会应积极搭建平台，让职工代表更多地参与到企业民主管理活动中去。近年来，一些基层工会进行了积极的尝试，在企业制定实施了职工代表提案制度、巡视检查制度、质询制度、听证制度、集中上岗制度等，让职工代表更多地参与到企业管理中。建立了职工代表听证制度，组织职工代表列席企业党政工联席会议，更好地调动了职工积极性。

三、建立职工代表工作激励机制，强化职工代表管理

（一）建立职工代表联系职工群众制度，密切职工代表与职工的联系

建立职工代表联系职工群众制度，让职工代表进一步认清他们与职工间是产生与被产生、选举与被选举、监督与被监督的关系，促使职工代表尊重职工，热爱职工，深入基层，听取职工呼声，反映职工诉求，竭诚为职工服务。职工代表不认真履行职责，就可能招致被罢免或难连任的后果。应使职工代表在任期内始终充满一种紧迫感、责任感，从而激发职工代表不断学习、提高素质自觉履行职责的积极性和主动性。

（二）建立职工代表的考核与日常管理制度，充分调动、发挥、保护好职工代表的工作积极性

建立职工代表的工作管理考核机制，除了保证职工代表在参加职工民主管理活动期间的各项待遇外，一些基层工会还积极创新激励办法，如企业工会每年组织职工代表开展述职和评选最佳职工代表活动，根据职工代表的实际工作业绩，经基层组织推荐，按照一定的比例在职代会上进行表彰，广大职工参与企业建设的积极性被充分调动起来。

（三）推行职工代表述职评议制度，在企业内部营造"能者上、庸者下"的竞争氛围

在企业建立职工代表述职评议制度的积极意义是显而易见的，因此，基层工会要认真做好职工代表述职评议工作。一是掌握好职工代表述职评议的时机。职工代表的述职拟结合企业职工代表大会的召开，通过原选区组织职工代表向职工进行述职和评议为宜。二是设置好职工代表述职评议的内容。述职内容，由职工代表对照职代会条例中所规定的权利和义务，结合自己在一定时段内履行职责的情况，实事求是地向原选区做工作述职报告。

总之，切实加强职工代表队伍建设、提升企业民主管理水平，充分发挥职工代表在企业民主管理中的作用，努力推进职工代表参与企业民主决策、民主管理和民主监督，有利于推动党的方针在本企业的落实，有利于让职工群众了解企业民主管理工作的新进展，有利于调动广大职工的主人翁意识，为构建新时期和谐稳定的劳动关系打下坚实基础。

参考文本 1

××公司职工代表巡视，激发职工主人翁意识

为进一步推进企业民主管理制度建设，坚持以人为本，全心全意依靠职工群众办企业，充分发挥职代表在职代会闭会期间的参政议政的作用，推动职代会决议、决定的有效落实，近日，××集团装配式公司组织职工代表到生产厂开展以"提升安全、质量管理水平，以现场保市场"为主题的职工代表巡视检查活动，本次活动旨在进一步加强公司的民主管理，

发挥职工代表的民主监督作用。

巡视组由公司工会主席亲自带队担任组长，成员由机关和基层业务精湛、群众基础好、有参政议政能力的职工代表组成，此次巡视内容围绕车间安全文明施工、施工用电、职工办公室、6S管理等方面展开，代表们听车间民主管理情况汇报，听取职工群众的意见、建议，广泛了解职工的心声；查阅民主管理各项台账资料；询问巡视检查清单内容的落实情况；对巡视检查发现的问题提出整改措施和期限。

职工代表巡视是工会组织架通党联系职工群众的渠道，是发挥工会桥梁和纽带作用的重要方式，以保障职工权益和助力企业发展的中心工作为重点，将职代会通过的重要事项，尤其是事关职工利益的条款落到实处，促使工会工作执行力得到提升的一项重要工作。装配式公司职工代表巡视工作每季度至少举行一次，每次巡视前通过谈心谈话、线上调研等形式，了解职工关心的热点焦点问题，征集职工群众对公司发展的意见建议，并对前次巡视中职工代表提出问题的落实情况进行通报。通过职工代表巡视工作的开展，装配式公司搭建了让职工代表行使职权的更大平台，开辟了更大的活动空间，从而形成了更加民主的、宽容的、透明的良好氛围，使职工的主人翁意识、潜在的优势得到承认和发挥。

参考文本2

××厂"问计"于员工，合理化建议活动助力企业发展

××厂持续开展合理化建议活动，取得明显效果。近三年，共采纳、实施员工合理化建议2472项，创效1488万元，为工厂迈向公司"第一方阵""领军企业"助力加油。

该厂秉承"不怕项目小、不怕效益少，就怕用心找"的理念，鼓励广大员工开动脑筋，自己动手，以不投入或少投入为原则，提倡用新方法、新技术、新点子，实施小改革、小发明等创新创造方法，每年滚动开展合理化建议征集活动。

在合理化建议实施过程中，该厂坚持"一人一案"，落实负责人和措

施，利用日常检修、技术改造等时机实施，定期召开专题会推进，及时协调解决实施过程中存在的问题。每月对完成情况进行检查验收，并纳入考核，保证该项活动顺利实施。

该厂还创新形式，对征集的合理化建议项目鼓励员工现场"揭榜"，定期召开推进会，三年来，表彰奖励"优化脱硫系统启动步骤，实现启炉时烟气同步达标排放"等358个优秀成果，解决了一批制约工厂安全环保、优化生产、节能减排、提质增效、费用控制等方面的瓶颈难题，广大职工主人翁作用得到充分体现。

📖 参考文本3

××公司工会设立"主席信箱"，畅通员工诉求通道

为进一步拓宽民主管理方式，搭建工会与员工之间的交流平台，及时了解掌握员工思想动态，××公司工会于近日设立开通工会主席电子邮箱，明确了信箱的运行和管理流程。对于员工反映的问题，要求迅速答复与处理，做到一般性政策咨询处理时限为3个工作日、需要进行调查的维权诉求处理时限为5个工作日、群体性维权诉求答复处理时限为7个工作日。

近年来，××公司工会一直把为职工办实事、做好事、解难事作为工作重点，不断探索为广大职工服务、大力发展和谐劳动关系的新途径。工会主席电子邮箱的设立，进一步完善了员工诉求渠道建设，搭建了一条国际公司员工与工会主席沟通交流的"绿色通道"，为单位和谐、队伍稳定起到了积极作用。

📖 参考文本4

××"职工代表直通车"打通职工诉求"开头一公里"

"从我提出问题，到问题得到解决，仅用了3天时间。"近日，××油田××厂××采油管理区采油3站职工×××发现采油站的浴室管线老化，通过"职工代表直通车"平台建议及时更换管线，管理区收到建议后，立即组织人员对管线进行更换。这是××厂"职工代表直通车"平台建成以后出现

的新场景。

我们常说，要抓好服务职工的"最后一公里"。其实，"开头一公里"也很重要。比如，职工×××发现采油站的浴室管线老化，第一时间通过"职工代表直通车"平台反映，问题很快得到解决。如果反映这一问题需要通过企业有关部门层层有序上报，中途甚至可能"转弯"或"绕远"，那么有关浴室管线老化这一关系职工安全的问题，就不可能这么快得到解决。

××厂通过搭建"职工代表直通车"平台，将上级有关精神和决策部署快速传递给职工，也将职工的诉求呼声及时"快递"上来。自这一平台开通以来，职工代表提出的职工候车室、大学生公寓急需改造升级等96项问题得到快速、准确、及时的答复，办理率100%，职工代表满意率100%。

"职工代表直通车"平台，充分发挥了职工代表参与企业民主管理的作用，推动职工利益诉求被及时"快递"、及时处理，切实增强了职工群众的获得感、幸福感和责任感。"职工代表直通车"作为了解职工所思所想、征求意见建议、沟通思想感情、助力企业高质量发展的一个重要抓手，拉近了企业领导与职工群众的距离，提高了解决问题的工作效率。此举犹如架起了一座连接企业领导和职工间的桥梁，拓展了职工诉求"新途径"，畅通了职工诉求的"开头一公里"，既便于企业职能部门第一时间掌握信息，协调解决问题，同时也增强了企业领导服务职工的意识，全力落实好"全心全意依靠职工办企业"的方针，为确保畅通服务职工的"最后一公里"打下扎实基础。

思考题

1. 合理化建议和职代会提案有何异同？

2. 职工代表巡视常用的方法有哪些？

3. 职代会闭会期间，如何发挥职工代表在企业日常民主管理工作中的作用？

参 考 书 目

[1]《企业民主管理规定》（中共中央纪委、中共中央组织部、国务院国有资产监督管理委员会、监察部、中华全国总工会、中华全国工商业联合会于 2012 年 2 月 13 日印发）

[2]《中华人民共和国宪法》（2018 年修正文本）本书中简称《宪法》

[3]《中华人民共和国治安管理处罚法》（2005 年 8 月 28 日第十届全国人民代表大会常务委员会第十七次会议通过根据 2012 年 10 月 26 日第十一届全国人民代表大会常务委员会第二十九次会议《关于修改〈中华人民共和国治安管理处罚法〉的决定》修正）本书中简称《治安管理处罚法》

[4]《中华人民共和国全民所有制工业企业法》（1988 年 4 月 13 日第七届全国人民代表大会第一次会议通过根据 2009 年 8 月 27 日第十一届全国人民代表大会常务委员会第十次会议《关于修改部分法律的决定》修正）本书中简称《全民所有制工业企业法》

[5]《中华人民共和国工会法》（根据 2021 年 12 月 24 日第十三届全国人民代表大会常务委员会第三十二次会议《关于修改〈中华人民共和国工会法〉的决定》第三次修正）本书中简称《工会法》

[6]《中华人民共和国劳动法》（根据 2018 年 12 月 29 日第十三届全国人民代表大会常务委员会第七次会议《关于修改〈中华人民共和国劳动法〉等七部法律的决定》第二次修正）本书中简称《劳动法》

[7]《中华人民共和国劳动合同法》（根据 2012 年 12 月 28 日第十一届全国人民代表大会常务委员会第三十次会议《关于修改〈中华人民共和国劳动合同法〉的决定》修正）本书中简称《劳动合同法》

[8]《中华人民共和国公司法》（根据 2018 年 10 月 26 日第十三届全

国人民代表大会常务委员会第六次会议《关于修改〈中华人民共和国公司法〉的决定》第四次修正）本书中简称《公司法》

［9］《集体合同规定》（2004 年 1 月 20 日劳动保障部令第 22 号公布自2004 年 5 月 1 日起施行）

［10］《工资集体协商试行办法》（中华人民共和国劳动和社会保障部令第 9 号）

［11］《中华人民共和国全国人民代表大会和地方各级人民代表大会选举法》（2020 年 10 月 17 日第十三届全国人民代表大会常务委员会第二十二次会议《关于修改〈中华人民共和国全国人民代表大会和地方各级人民代表大会选举法〉的决定》第七次修正）本书中简称《选举法》